4° G
21

PARALLÈLE

DES TRADITIONS MYTHOLOGIQUES

AVEC

LES RÉCITS BIBLIQUES.

PARALLÈLE

DES TRADITIONS MYTHOLOGIQUES

AVEC

LES RÉCITS BIBLIQUES,

PAR L'ABBÉ JULES CORBLET,

Membre de la Société des Antiquaires de Picardie ; de celles de Normandie,
de Morinie et de l'Ouest de la France ; des Sociétés Archéologiques
de Tours, Avranches et Béziers ; des Académies de Dijon
et Meaux ; des Sociétés d'émulation de Cambray,
Abbeville, &.

PRIX : 1 F. 50.

BEAUVAIS, IMPRIMERIE DE MOISAND.

1845.

PARALLÈLE

DES TRADITIONS MYTHOLOGIQUES

AVEC

LES RÉCITS BIBLIQUES.

Toutes les mythologies prennent leur source dans la tradition judaïque que les peuples anciens ont travestie au point de la rendre presque méconnaissable. Cette incontestable vérité entrevue par saint Clément d'Alexandrie et formulée par saint Augustin, fut développée plus tard par Bompart, Huet, Thomassin, Bochart, Lavaur, Banier, Pluche, Brunet, Girardet, Guérin du Rocher, etc. Malgré tant de savans travaux, l'étude comparée de la Bible et des traditions mythologiques est encore peu répandue : c'est pour cette raison que nous croyons faire une œuvre utile en résumant ce qu'ont écrit de mieux sur cette matière les auteurs que nous venons de citer. Nous mettrons surtout à profit dans cette dissertation les collections de voyages anciens et modernes, la *bibliothèque britannique*, les *lettres édifiantes*, l'*histoire universelle* des anglais et les *mémoires* de l'académie des inscriptions dont nous citerons quelquefois textuellement d'intéressans passages.

Trois causes principales plongèrent les hommes dans les ténèbres de l'idolâtrie : la vanité, l'ignorance et les passions. La vanité nationale altéra l'histoire pour faire honneur à un pays seul des faits qui concernent le genre humain tout entier. Si nous examinons séparément les diverses narrations mythologiques, l'idée qu'elles feront naître dans notre esprit sera presque toujours celle d'une localité distincte et exclusive, et au premier abord nous ne verrons peut-être dans leur coïncidence avec les récits bibliques qu'un rapport de hasard ; mais si nous les envisageons simultanément, l'universalité de similitude qui existe entre l'antiquité payenne et l'antiquité judaïque nous convaincra que ce concours général de croyances n'est pas le résultat du hasard, et

que les rêveries mythologiques ne sont que des faits généraux particularisés par la vanité nationale et défigurés par l'ignorance. Il était difficile que la tradition orale pût se conserver longtemps pure et intacte. Les peuples primitifs, doués d'une imagination toute poétique, chantaient plutôt qu'ils ne racontaient l'histoire des temps passés ; aussi l'erreur se mêla bientôt à la vérité et resta confondue avec elle; les passions étaient intéressées à maintenir cette confusion sacrilège ; pour étouffer leurs remords, elles déifièrent le vice et s'empressèrent de mutiler la religion qui les condamnait et d'en dénaturer l'histoire. Cependant, les traditions primitives consignées dans les livres sacrés ne furent point tellement altérées que nous ne puissions en retrouver de nombreux vestiges dans toutes les mythologies. Nous allons donc essayer de retrouver les principaux faits bibliques sous le masque de la fable.

§ 1er.

Noms et attributs de Dieu.

« *Au commencement le Très-Haut* (Eloim) *créa le ciel et la terre.* » Ces premières lignes de la Genèse nous font connaître un des noms de la Divinité, son unité, sa toute-puissance, et par déduction ses autres attributs. Cette connaissance de la nature de Dieu est sans doute bien affaiblie dans les mythes payens; mais nous y retrouvons pourtant l'idée plus ou moins nette des principaux attributs de la Divinité.

Les différens noms que les Hébreux ont donné à Dieu (Eloah, Jehovah, Kadosh, Dai, etc.), ont été conservés plus ou moins fidèlement dans toutes les langues avec la même signification ; nous nous bornerons à en citer quelques exemples :

Hébreu	— Eloah; pluriel Eloim (très-haut).
Syriaque	— Eloah.
Chaldéen	— Oloah.
Arabe	— Allah.
Circassien	— Ilah.
Turc	— Allah.
Javanais	— Ala.
Mandingo	— Alla.
Tidoraïtain	— Ala.
Formose	— Alid.

Hébreu	— Jéovah (être par excellence).
Samaritain	— Jave.
Anc. maures	— Juba.
Cornouailles	— Jeu.
Finlandais	— Jumala.
Basque	— Jaun.
Gallois	— Jau.
Etrusque	— Juve.
Latin	— Jov-piter, Jupiter, Jovis (1).

Hébreu	— Kadosk (le Saint).
Sanscrit	— Çuddhas.
Persan	— Khoda.
Indhoustan	— Xoda.
Runique	— Kud.
Teuton	— Got.
Kamtschadale	— Kout.

Hébreu	— Dai (tout-puissant).
Sanscrit	— Daivas.
Celtique	— Diu.
Grec-Eolien	— Deus
Latin	— Deus.
Roman	— Deus, Deu, Dié.
Irlandais	— Dia.
Italien	— Dio.
Espagnol	— Dios.
Portugais	— Deos.
Mangalor	— Deu.
Phénicien	— Diodun.
St-Domingue	— Dié, etc., etc.

Un grand nombre des mots par lesquels s'exprime l'idée de la Divinité dans les langues anciennes renferme implicitement l'idée d'un des attributs divins que la Genèse nous fait connaître.

Sanscrit : Çuddhas (*pur*, *vertueux*).
Zend : Zerwan (*temps sans bornes*).
Persan : Khoda (*saint*).
Anc. Egyptien : Cneph (*caché*).
Gaulois : Teutatès (*père du monde*).
Indien : Ram (*de l'Hébreu* Ram : *élevé*).
Etrusque : Sir (*maître*).
Chinois : Tia (*bonté*).
Gothique : Guth (*bonté*).
Indhoustan : Achar (*immuable*).
Basque : Yancoa (*celui d'en haut*).
Talenga : Paraba-Vastou (*haute cause*).
Malabare : Tampiran (*être suprême*).
   Id. : Sarn Wesuren (*être indépendant*).
Thibétain : Koncikociet (*Dieu-un*).
   Id. : Koncioksum (*Dieu-trin*).
Indien : Brama (*être absolu*).
Chinois : Tou-Heou (*être par excellence*). (1)

Bien que le Polythéisme exclue nécessairement l'unité de Dieu, il admet presque toujours l'existence d'un être en qui réside le principe de la souveraineté et devant lequel s'éclipse la gloire des divinités inférieures. Tel est le Dzeus des Grecs : « Rien n'échappe à ses yeux, dit Pindare ; il est *tout-puissant* ; rien n'est fait que par lui. » Tel est le Jupiter des Romains :

Undè nil majus generatur ipso ;
Nec viget quidquam simile aut secundum.
HORACE. 1. od. 12.

Tel est le Sarwam-Akaranam des Perses, l'Ammon-Ra des Egyptiens, l'Odin des Scandinaves qu'ils appelaient le *père universel*, le Brahma de la trinité indienne, Dieu invisible, existant par lui-même et faisant tout naître par l'émanation de sa gloire. Les Celtes, les Gaulois, les Ethiopiens, les Germains, les Etrusques, reconnaissaient également un Dieu suprême.

Zoroastre ne donnait-il pas de Dieu une définition toute *biblique* lorsqu'il disait : « Il est le plus ancien de tous les êtres, éternel, incréé, indivisible, source de tous les biens, incorruptible, meilleur que tout ce qui

---

(1) Jupiter. — Primitivement on disait Jov, que l'on joignait à un autre nom. Ainsi on a dit d'abord *Jov ammon*, puis *Jov piter* (Dieu père), puis *Jupiter*, Jovis. *Jupiter* est donc un dérivé de Jehovah. — Pluche.

(1) Nous avons puisé presque tous ces détails philologiques dans le savant ouvrage que vient de publier M. Azaïs (de Béziers), sur *la Formation et le Développement du langage des hommes*. Il y prouve, avec un rare talent, que tous les idiômes de l'ancien et du nouveau monde ont une origine commune, et qu'ils dérivent tous de la langue hébraïque.

est bon, et plus sage que tout ce qui est sage ; il est infiniment juste et tient de lui-même son existence, ses perfections sans bornes, sa toute science et son empire sur tout l'univers. » (1)

Le dogme de l'éternité divine était également connu des premiers habitans de l'Islande ; on lit dans leur *Edda* : « Gancler commença ainsi à parler : quel est le premier Dieu et le plus ancien? — Nous le nommons le père de tous, répondit Har ; il vit *éternellement* et régit dans tout son empire les petites choses comme les grandes. »

Les Indiens font à leur Dieu une prière qui ne serait certes point déplacée dans la bouche d'un chrétien : « J'adore cet être qui n'est sujet ni au changement ni à la crainte ; cet être dont la nature est indivisible ; cet être qui est l'origine et la cause de tous les êtres et qui les surpasse tous par son excellence. » (2) Les sauvages de Madagascar ont une prière moins philosophique dans les termes, mais qui n'en exprime pas moins les divers attributs de la divinité : « O *Eternel*, ayez pitié de moi, parce que je suis passager ! O *infini*, parce que je ne suis qu'un point ! O *fort*, parce que je suis faible ! O *source de la vie*, parce que je touche à la mort ! O *intelligent*, parce que je suis dans l'erreur ! O *bienfesant*, parce que je suis pauvre ! O *tout-puissant*, parce que je ne puis rien ! » (3)

Nous ne nous sommes point arrêtés dans ce chapitre à la mythologie des Grecs et des Romains : elle est trop connue pour que nous ayons besoin de signaler les rapports frappant de leurs croyances sur la nature de Dieu avec la tradition judaïque. (4) Nous nous bornerons à rappeler que ce sont les philosophes de la Grèce qui se sont le plus rapprochés de la vérité, probablement à cause de la connaissance qu'ils eurent des livres sacrés des Hébreux. (5) On sait qu'Anaxagore enseigna que la formation de l'univers est due à la sagesse et à la puissance d'un esprit infini, et que c'était là aussi l'opinion de Xénophane. On sait encore qu'Aristote croyait à la spiritualité divine ; que Platon nous représente Dieu comme un être unique, souverainement bon et tout-puissant, qui a tout créé selon l'idéal de la perfection (1), et que Pythagore, Zénon, Socrate, Celse, Homère, Hésiode, Pindare, Archiloque, Callimaque, reconnaissent un Dieu suprême, créateur des Dieux et des hommes, principe et fin de toutes choses.

§ 2.

Création du monde.

Nous commencerons par mettre le récit de Moyse sous les yeux du lecteur, afin qu'il puisse facilement saisir les différens rapports de la cosmogonie judaïque avec les traditions mythologiques, sans que nous soyons obligés de faire nous-même ces rapprochemens dans le cours de ce chapitre.

« Au commencement Dieu créa le ciel et la terre. La terre était informe et vide ; les ténèbres couvraient la face de l'abîme et l'esprit de Dieu était porté sur les eaux. Or, Dieu dit : que la lumière soit et la lumière fut. Dieu vit que la lumière était bonne et il la sépara d'avec les ténèbres. Il donna à la lumière le nom de jour et aux ténèbres le nom de nuit, et du soir et du matin se fit le premier jour. Dieu dit aussi que le firmament soit fait au milieu des eaux et qu'il sépare les eaux d'avec les eaux. Et Dieu fit le firmament et sépara les eaux qui étaient sous le firmament de celles qui étaient au-dessus du firmament, et cela se fit ainsi. Dieu donna au firmament le nom de ciel, et du soir et du matin se fit le second jour. Dieu dit alors : que les eaux qui sont sous le ciel se rassemblent en un seul lieu et que l'élément aride paraisse, et cela se fit ainsi. Dieu donna le nom de terre à l'élément aride et appela mer toutes les eaux rassemblées, et il vit que cela était bon. Il dit ensuite : que la terre produise l'herbe verte qui porte la graine et des arbres qui portent du fruit selon leur espèce... et cela se fit ainsi..... Dieu dit alors : que des corps lumineux se montrent dans le firmament appelé ciel, afin qu'ils séparent le jour de la nuit... Il fit aussi les étoiles et il les mit dans le firmament du ciel pour luire sur la terre.... et du soir et du matin, il fit le

---

(1) Apud Eusebium : prep. évang.

(2) Lettres édifiantes, tome X.

(3) Flaccourt : histoire de Madagascar.

(4) Voyez Cicéron : *De natura deorum*, avec l'appendice de D'Ollivet.

(5) Diodore de Sicile nous apprend que « Musée, Orphée, Mélampe, Dédale, Homère, Lycurgue, Solon, Pythagore, Eudoxe, Démocrite et OEnopis visitèrent l'Egypte » où le long séjour des juifs fit connaître leur doctrine et leur histoire.

(1) *In Timæo*. — *Leg.* X.

quatrième jour. Dieu dit encore : que les eaux produisent des animaux vivans qui nagent, et des oiseaux qui volent sur la terre.... et du soir et du matin se fit le cinquième jour. Dieu dit aussi : que la terre produise des animaux vivans.... et du soir et du matin se fit le sixième jour. Telle a été l'origine du ciel et de la terre, et c'est ainsi qu'ils furent créés....» (1)

On peut retrouver chez tous les peuples les vestiges plus ou moins effacés de ce sublime récit. Commençons par les Phéniciens. Leur cosmogonie ne nous est guère connue que par les fragments de *Sanchoniaton*. Le premier principe de l'univers, dit-il, a été un air ténébreux et spiritueux, un chaos plein de confusion et sans clarté, éternel et d'une durée sans fin. Cet esprit produisit *Mob*, c'est-à-dire un limon ou un mélange aqueux qui fut le principe de toutes les créatures et la génération de l'univers ; il y eut d'abord des animaux qui n'avaient aucun sentiment ; ils en engendrèrent d'intelligens et contemplateurs des cieux. Immédiatement après *Mob*, le soleil, la lune, les étoiles et les autres astres commencèrent à paraître et à luire. Un violent degré de chaleur communiqué à la terre produisit des vents et des nuées qui tombèrent en pluie ; cette pluie attirée par le soleil forma les orages, et le bruit du tonnerre réveilla les animaux intelligens qui commencèrent à se mouvoir sur la terre et dans la mer. (2)

Les Chaldéens croyaient que l'arrangement de l'univers est l'œuvre de la sagesse divine. Ils semblaient avoir conservé le souvenir confus de ces races étranges d'animaux monstrueux, antérieurs au déluge et dont la géologie moderne a retrouvé de nombreux vestiges (3). A l'époque où l'univers était encore plongé dans les eaux et les ténèbres, nous dit *Bérose* (4), on vit naître des monstres d'un aspect effroyable, des hommes bucéphales, des androgynes, des hyppocentaures, des taureaux à tête d'homme, des chiens à queue de poisson, etc. Le souvenir de ces monstruosités fut perpétué par les sculptures du temple de *Bélus*.

La cosmogonie que nous a laissé *Diodore de Sicile* paraît être celle des Egyptiens. Antérieurement à la création, nous dit-il, le ciel et la terre ne formaient qu'un bizarre chaos. Dès qu'ils furent séparés, les portions ignées de l'air s'élevèrent dans les hautes régions où elles étaient portées par la puissance de leur pesanteur spécifique, tandis que les portions aqueuses se condensèrent dans le vaste bassin des océans et que les parties solides formèrent le globe de la terre. La chaleur du soleil mit en fermentation ces divers élémens d'où naquirent les êtres inanimés et les créatures vivantes.

Le grand historien de la théogonie grecque, *Hésiode*, suppose trois principes contemporains du chaos : l'*Erèbe* (1), le *Tartare* et l'*Amour* ; le *Chaos* était né des ténèbres et ce fut du *Chaos* qu'un être supérieur, *Démogorgon*, fit jaillir le monde. D'après *Orphée* (2), Dieu créa l'éther ou le ciel qui resta d'abord voilé par l'obscurité de la nuit ; la lumière dissipa bientôt ces ténèbres. Tous les êtres corporels et incorporels furent créés par la puissance infinie d'un Dieu unique et invisible. *Orphée* avait puisé de grandes et nobles idées sur la divinité dans le séjour qu'il fit en Egypte. « Il y a, dit-il, un Etre inconnu qui est le plus ancien de tous les êtres et le producteur de toutes choses. Cet Etre sublime est vie, lumière et sagesse..... L'Empyrée, le profond Tartare, la Terre et l'Océan, les Dieux immortels et les déesses, tout ce qui est, tout ce qui sera, était contenu originairement dans le sein de *Jupiter* et en est sorti. *Jupiter* est le premier et le dernier, le commencement et la fin ; tous les êtres émanent de lui. Il est la vie, la cause de toutes choses ; il est le père primitif ; il n'y a qu'une seule puissance, un seul Dieu, un seul roi universel. » (3)

Anaxagore est le philosophe grec qui s'est exprimé le plus clairement sur les origines du monde. (4) D'après lui, la matière et l'intelligence sont éternelles ; elles étaient séparées l'une de l'autre par leurs attributs essentiellement différens. Il arriva un temps où l'intelligence,

---

(1) Genèse, chap. 1er.

(2) Apud Eusebium, prepar. evang., l. 1.

(3) Voyez *Cuvier, de Luc, Elie de Beaumont.*

(4) Apud *Alex. Polihist.*

---

(1) Hereb est un mot hébreu qui signifie *couchant, confusion, soir.* (*Bochart*, géogr. sacrée.)

(2) Apud *Eusebium* et *Suidam.*

(3) *Aristote* a nié l'existence d'*Orphée* ; mais les témoignages de *Diodore de Sicile, Hygin, Appollodore, Appollonius de Rhodes, Pausanias, Diogène Laerce, Valerius Flaccus,* etc., ne permettent point de douter qu'*Orphée* ait été un personnage réel ; mais il n'est point certain qu'il soit l'auteur des hymnes qu'on lui a longtemps attribuées : plusieurs savants modernes croient qu'elles ont été composées par *Onomacrite*, poète contemporain de *Pisistrate*.

(4) *Homœomeria.*

sans y être contrainte par aucune nécessité, voulut sortir de son repos et faire régner l'harmonie parmi les divers élémens dont se composait la matière. L'Intelligence combina ces élémens, leur imprima un mouvement et forma des espèces de diverse nature ; elle a tout créé pour les hommes qu'elle entoure de sa continuelle providence, et qu'elle doit rappeler dans les cieux pour récompenser leurs vertus. Les astres ne doivent pas être rangés au nombre des Dieux ni des êtres animés ; ce sont des masses inertes auxquelles le mouvement est communiqué par l'intelligence suprême. Aucun philosophe grec ne s'est plus rapproché de la vérité que *Anaxagore*, en ce qui concerne la cosmogonie (1). Presque tous les peuples anciens ont admis une matière incréée, comme cet illustre disciple de l'école ionienne ; mais ils reconnaissaient la plupart une origine plus ou moins moderne au monde *organisé*.

Nous croyons retrouver le *Spiritus dei ferebatur super aquas*, dans la doctrine de *Thalès*, qui considérait l'eau comme le principe de toutes choses. *Thalès* n'a fait qu'ériger en système de physique une croyance populaire bien antérieure au temps où il vivait, croyance que les poètes avaient symbolisée dans leurs écrits en faisant de l'*Océan* le père commun des Dieux et des hommes. Le système de Thalès se retrouve dès la plus haute antiquité chez les Egyptiens et les Indiens (2). Les Chinois et plusieurs autres nations de l'Orient supposent que l'eau a été le premier principe des êtres qui ne doivent leur forme qu'à la combinaison des portions de matière qui flottaient confusément dans l'immense fluide du chaos (3).

Nous ne pouvons mieux faire connaître la cosmogonie des Latins qu'en reproduisant le commencement du premier livre des métamorphoses d'*Ovide*, qui dans bien des endroits, n'est qu'une poétique amplification du récit de *Moyse*. « Avant la formation de la mer, de la terre et du ciel qui les environne, la nature dans l'univers n'offrait qu'un seul aspect ; on l'appela chaos, masse grossière, informe (4), qui n'avait que de la pesanteur, sans action et sans vie, mélange confus d'élémens qui se combattaient entr'eux. Aucun soleil ne prêtait encore sa lumière au monde ; la lune ne faisait point briller son croissant argenté ; la terre n'était pas suspendue, balancée par son poids, au milieu des airs. L'Océan, sans rivages, n'embrassait pas les vastes flancs du globe. L'air, la terre et les eaux étaient confondus : la terre sans solidité, l'onde non fluide, l'air privé de lumière. Les élémens étaient ennemis ; aucun d'eux n'avait sa forme actuelle. Dans le même corps, le froid combattait le chaud, le sec attaquait l'humide, les corps durs et ceux qui étaient sans résistance, les corps les plus pesants et les corps les plus légers se heurtaient, sans cesse opposés et contraires. Un Dieu ou la Nature plus puissante (1) termina tous ces combats, sépara le ciel de la terre, la terre des eaux, l'air le plus pur de l'air le plus grossier. Le chaos étant ainsi débrouillé, les élémens occupèrent le rang qui leur fut assigné et reçurent les lois qui devaient maintenir entre eux une éternelle paix. Le feu qui n'a point de pesanteur brilla dans le ciel et occupa la région la plus élevée. Au-dessous, mais près de lui, vint se placer l'air, par sa légèreté. La terre entraînant les élémens épais et solides, fut fixée plus bas par son propre poids. La dernière place appartint à l'onde qui, s'étendant mollement autour de la terre, l'embrassa de toutes parts. Après que ce Dieu, quel qu'il fut, eut ainsi débrouillé et divisé la matière, il arrondit la terre pour qu'elle fut égale dans toutes ses parties. Il ordonna qu'elle fut entourée par la mer, et la mer fut soumise à l'empire des vents, sans pouvoir franchir ses rivages..... Les astres trop longtemps obscurcis dans la masse informe du chaos, commencèrent à briller dans les cieux ; les poissons peuplèrent l'onde ; les quadrupèdes, la terre ; les oiseaux, les plaines de l'air. » Les principales idées d'*Ovide* sur la création sont conformes avec les opinions de *Lucrèce* et de *Diodore de Sicile* qui s'étaient inspirés des conceptions d'*Hésiode*. *Hésiode* lui-même avait puisé en grande partie son système dans *Sanchoniaton* qui se vantait d'avoir appris d'un prêtre de *Jéhova* ce qu'il raconte de l'origine du monde.

Les Germains adoraient un Dieu suprême, auteur de tout ce qui existe, doué d'une puissance infinie et d'une justice incorruptible. On le considérait non-seulement comme le créateur de tous les êtres, mais aussi comme

---

(1) Le *Batteux* : Mém. de l'Acad. des inscriptions, t. XLI.

(2) Strabon, lib. XV.

(3) Mém. de l'Académie des inscriptions, t. XV, p. 32.

(4) C'est à tort qu'*Ovide* a cru pouvoir expliquer le *chaos* des grecs par *rudis indigestaque moles*. Le mot *chaos* correspond au *tohu-bohu* des Hébreux, et signifie *vide, profondeur, néant*.

---

(1) La nature, dit Sénèque, n'est pas autre chose que Dieu et l'harmonie qu'il fait régner dans l'univers.

le principe et le moteur de tous les évènemens (1).

Moyse, par les expressions *vespere et mane* plusieurs fois répétées, donne à la nuit antériorité sur le jour ; c'est ce qui nous explique pourquoi tous les peuples anciens faisaient commencer le jour au moment où la lune commence à éclairer l'horizon (2). Les Grecs nommaient la nuit, la *déesse antique*, et ils disaient qu'elle était l'aînée du jour. Alexandre-le-Grand, dans le cours de ses voyages belliqueux, demanda à un gymnosophite lequel était le plus ancien du jour ou de la nuit ; le philosophe Indien répartit que c'était le jour, ce qui surprit étrangement le roi de Macédoine, comme nous le fait remarquer *Plutarque*. Cet étonnement nous prouve que l'opinion générale de l'antiquité tenait en faveur de la priorité de la nuit.

Les Etrusques croyaient que Dieu avait employé 6,000 années à l'accomplissement de son œuvre créatrice. De mille ans en mille ans, il aurait créé : 1° les cieux et la terre ; 2° le firmament ; 3° la mer et les eaux ; 4° le soleil et les astres ; 5° les animaux ; 6° l'homme. 6,000 années doivent s'écouler depuis la formation de l'homme jusqu'à la fin du monde (3). Les Persans admettent également dans la création six époques, mais dont l'ensemble ne forme qu'une année.

1re époque : mid-guzeram   (55 jours), création du ciel.
2e   —   mid-gusham   (60 jours),   —   des eaux.
3e   —   pitisbahim   (75 jours),   —   de la terre.
4e   —   jyaferam   (30 jours),   —   des végétaux.
5e   —   midigarim   (80 jours),   —   des animaux.
5e   —   hamespitamidim (75 jours),   —   de l'homme.

On retrouve cette croyance dans le *Boun-Dehesch* qu'on regarde comme un fragment des livres de *Zoroastre* (4). — Les Guèbres célèbrent six fêtes en l'honneur de six temps de la création. — Selon les habitans de l'île de Formose, la création aurait duré quatre ans.

_____

(1) *Tacite*, Mores german.

(2) Mém. de l'Acad. des inscriptions, t. XLI, p. 46. Les Romains et les Egyptiens commençaient le jour à minuit ; les Babyloniens, les Perses, les Syriens le commençaient au lever du soleil ; les Umbriens et les anciens Arabes à midi, et les Athéniens et les Juifs au coucher du soleil. En Allemagne, en Angleterre, en Hollande, en Espagne, en Portugal, en France, le jour commence à minuit. Dans la Chine, il commence au coucher du soleil. (M. *Azaïs* : Essai sur la formation du langage des hommes. Beziers, 1845.)

(3) *Anonym*. Apud *Suidam*.

(4) Hyde. Relig. vet. Persarum, page 64

Cette division de la création par époques n'est nullement en désharmonie avec le texte biblique. Le mot hébreu, *yom* qu'on a traduit par *jour*, a souvent la signification d'un espace de temps indéterminé ; et la preuve qu'il ne s'agit pas ici d'un jour proprement dit, c'est que *Moyse* employe cette même expression pour désigner les époques antérieures à la création du soleil qui peut être seul le régulateur des jours, dans le sens rigoureux que nous attachons à ce mot. Il ne faudrait point croire que cette interprétation ait été inventée par les philologues modernes pour mettre la Genèse en harmonie avec les sciences géologiques ; car *saint Augustin* disait à une époque où l'on était loin de soupçonner que l'intérieur du globe puisse nous révéler l'histoire de la création : *qui dies, cujus modi sint, aut perdifficile nobis aut etiàm impossibile est cogitare, quantò magis dicere* (1).

Les peuples de l'Inde attribuent la création à la bonté de Dieu. Ils s'imaginent que l'élément primitif, l'eau, prit la forme d'un œuf dont l'extension graduelle forma la voûte des cieux. La terre fut placée au milieu du firmament ; le soleil l'éclaira ; l'air et le feu la vivifièrent, et les créatures furent douées d'une puissance reproductive (2). Parmi les Indiens, ce sont les Gentoux dont le systême cosmologique est le moins déraisonnable. Dieu, disent-ils, se rendit invisible pour créer l'univers et remit le gouvernement du ciel entre les mains de *Birmah*. Après avoir triomphé de la discorde et de la confusion, il se rendit visible, commanda à *Birmah* de créer, à *Bistnou* de conserver, et à *Sieb* de détruire. Pour obéir à ces ordres, *Birmah* laissa flotter son esprit sur l'abîme du chaos ; *Bistnou* se métamorphosa en sanglier et avec ses défenses tira du sein du chaos *Murto* (la terre) qui produisit un serpent et une tortue (3). M. *Hotwel* commente ainsi le texte sacré des Gentoux : « L'Eternel ayant résolu de créer l'univers, semblable à un habile architecte, se retire pendant un certain temps, pour dresser son plan et préparer ses matériaux. Il a à combattre dans son opération, la confusion et le tumulte qui composent l'abîme de Jhoale. Il les sépare, les soumet, les assujétit et les dispose à recevoir les impressions qu'il voulait leur donner. Il déploye ses trois

_____

(1) Cité de Dieu. — V. aussi les commentaires sur la Genèse, l. IV., n° 44.

(2) *Lords*. Discovery of the banian religion.

(3) M. *Th. Perrin* : Origine des Dieux, 1837, t. 1er.

grands attributs, qui sont le pouvoir de créer, de conserver et de détruire, représentés par les trois premiers êtres créés. Son esprit flotte sur la nature fluide : la création commence. *Birmah* ou la création est représenté avec quatre têtes et quatre bras pour marquer le pouvoir de Dieu dans l'acte de la création. *Bistnou*, le conservateur, est transformé en gros sanglier, lequel marque la force de Dieu dans l'acte de la création. La tortue indique la stabilité et la solidité avec laquelle la terre est fondée, et le serpent la sagesse qui la soutient. »

Les docteurs Japonais disent que primitivement un œuf qui renfermait le monde flottait sur la surface des eaux ; la matière terrestre attirée par l'influence de la lune au fond de la mer se changea en un rocher ; l'œuf vint s'y fixer ; un taureau en brisa la coque d'un coup de corne, et le monde en jaillit ; ce fut ce même taureau qui créa l'homme de son souffle tout-puissant. *J.-F. Lacroix* fait remarquer que dans la langue hébraïque, un des noms du taureau est aussi donné à Dieu et que cette équivoque a pu tromper les Japonais et leur faire attribuer au taureau l'œuvre de Dieu. — Les Malabares adorent *Isparette* qui a créé le monde et les Dieux. Ce Dieu suprême prit la forme d'un œuf qui engendra toutes les créatures et un Dieu nommé *Kiwelenga*; celui-ci produisit trois autres divinités : *Brama*, *Vichenou* et *Ispara*; le premier créa, le second conserve et le troisième détruit. *Vichenou* a déjà subi neuf métamorphoses. Dans sa dixième incarnation, il prendra la forme d'un cheval ; ce sera le signe précurseur de la fin du monde (1). — Selon les Péruviens, *Pachelamac* est le créateur universel ; le soleil est son image visible qui a députe sur la terre ses illustres enfans, les Incas, pour y faire régner les lois de la morale et les salutaires croyances de la vie future (2). — Les sauvages de la Pensylvanie disent qu'ils ont été créés par un grand roi qui habite une région fortunée, qui se trouve au sud de leur pays, et que c'est là que doivent être récompensées les vertus des hommes (3). — Les habitans du Monomotapa ne sont pas idolâtres comme le reste des Caffres ; ils adorent un être unique et suprême, *Mazira*, qui a créé l'univers. Les Natchez croyent également qu'un esprit suprême (*Couyopolchill*) créa, par la puissance de sa seule volonté, les choses visibles et invisibles (1). — Les Hottentots croyent que *Gounja Ticquoa* (le Dieu des Dieux) a créé le ciel, la terre, le soleil et tous les êtres, qu'il régit par sa providence, du haut de son empire qui s'étend au-dessus de la lune. La lune est l'image sensible du Dieu invisible et c'est à elle qu'on doit rendre les honneurs du culte (2). — Les habitans du Congo pensent que leur royaume seul est l'œuvre du très-haut, et que le reste du monde a été formé par les anges pour contribuer au bonheur de l'incomparable royaume de Congo. Il n'existe peut-être point de peuple où la vanité nationale se montre plus à nu. Au reste, presque tous les peuples de l'Amérique avaient la prétention de croire que leur patrie avait été le centre de la création (3). Les Indigènes de *Bénin* adorent un Dieu créateur, *Oriza*, qui voit tout, entend tout et peut tout. De même que les anciens Germains, ils croyent que c'est outrager la Divinité que de la représenter par des images corporelles (4).

Les nègres de la Côte-d'Or, quoiqu'adonnés au fétichisme, invoquent la plupart un Dieu tout-puissant, créateur universel ; les autres croyent qu'il existe deux Dieux, l'un blanc et l'autre noir ; ils nomment ce dernier *Demonio* (5). — Les Quojas (Sierra-Leone) attribuent à *Kanno* une science infinie et une puissance sans bornes qui se sont révélées par la création ; mais ils lui refusent l'éternité, parce qu'il doit être un jour remplacé par une autre divinité qui punira le vice et récompensera la vertu. Cette croyance est peut-être une altération du dogme chrétien qui nous enseigne que Jésus-Christ viendra juger à la fin des temps les vivans et les morts. Les insulaires de la mer du sud reconnaissent un maître invisible qui a communiqué sa puissance à des divinités supérieures pour exécuter les diverses parties du plan de la création (6).

Cette attestation universellement rendue à la vérité d'un Dieu créateur ne nous prouve-t-elle pas, comme le dit le savant président de l'institut historique, « que

---

(1) Journal encyclopédique : juillet 1785.
(2) *Algarotti* : Essai sur les Incas.
(3) Biblioth. univ. litter. mars 1816.

(1) *Kolbe*. 1re part. ch. 12.
(2) *Le Page du Pratz* : journal œcuom. 1752.
(3) Les naturels d'Hispaniola (St-Domingue) n'hésitaient pas à dire que le soleil et la lune étaient sortis d'une caverne de leur île. (*P. Charlevoix* : hist. de St-Domingue t. 1er).
(4) Voyages de *D'Apper*, *Nyendaal*, etc.
(5) *Artus*.
(6) Voyages de Cook, t. VI.

« la cosmogonie des payens n'est qu'une tradition défigurée de l'histoire de la création par Moyse, et que l'on retrouve dans les deux premiers chapitres de la Genèse la source de toutes les fictions des poètes sur la création. » (1)

§ 3.
Trinité.

« *Faisons* l'homme à notre image et à notre ressemblance, » dit le Seigneur, avant de procéder à la création de l'homme. St. Hilaire, St. Ambroise, St. Chrysostôme, Théodoret, St. Basile, St. Cyrille, St. Augustin et, après eux, tous les interprètes de la Genèse ont vu dans ces paroles l'expression de la pluralité des personnes divines, qui du reste se trouve indiquée dans plusieurs autres passages de la Bible (2). On peut contester que le vulgaire des Juifs ait eu une connaissance approfondie de la Trinité, mais l'on ne peut point mettre en doute que ce mystère ne fut bien connu des Patriarches, des Prophètes et des classes supérieures d'entre les Juifs (3). La tradition l'expliquait d'une manière plus explicite que la Sainte Ecriture; nous en trouvons une preuve évidente dans ces paroles du Zohar, le plus ancien livre des Juifs après la Bible : « il y a *Deux* auxquels s'unit *Un* et ils sont *Trois*, et étant *Trois*, ils ne sont qu'*Un*; ils forment *Un* de l'union la plus absolue. » (4) Avant de nous occuper de ce qui concerne la création de l'homme, nous allons tâcher de retrouver chez presque tous les peuples une idée plus ou moins nette du dogme de la Trinité.

La triade égyptienne se compose de *Ammon*, *Mouth* et *Chons*. *Chons* qui provient de l'union des deux autres personnes et que les Thébains appelaient le *Verbe*, a de frappants rapports avec le *Logos* de Platon. Cette triple unité de Dieu se retrouve encore dans *Osiris*, *Isis* et *Horus* (5). Les Grecs donnaient à Minerve l'épithète de *tritogénia* et de *trigénète* (1). L'inscription du grand obélisque du cirque majeur à Rome est évidemment une allusion à la Trinité : Mégas Théos (le grand Dieu), Théogénétos (l'engendré de Dieu), Pamphegês (le tout-brillant). Platon parle du *Verbe* divin qui a coordonné l'univers et qu'il nomme quelquefois l'*Entendement*, la *Sagesse*, la *Raison* (2).
« Non-seulement, dit Dacier, on prétend qu'il a connu le Verbe, mais qu'il a connu le St. Esprit, et qu'ainsi il a eu l'idée de la Trinité. » Un disciple de Platon, Héraclides, rapporte que Thalis, roi d'Egypte, demanda à une sibylle s'il pouvait exister quelqu'un de plus heureux que lui, et qu'elle lui répondit par quelques paroles obscures qui signifiaient : « Dieu, ensuite le Verbe et l'Esprit avec eux ; tous trois sont coexistants et tendent en un dont l'empire est éternel. » (3) Pythagore disait que la puissance divine se marque par un triple signe (4). Timée de Locres, Anaxagore, Anaximandre, Chalcidius, Plutarque, Diogène Laerce et Porphire avaient également une idée confuse du mystère de la Trinité (5).

La base du système théologique de l'Indhoustan est la divinité comprenant trois rapports distincts : *Brahma*, la substance première, infinie, créatrice; *Wichnou*, le conservateur, et *Siva*, le destructeur des formes. Les Indiens donnent à Dieu le nom de Trabrat (*trois ne font qu'un*) (6). On lit dans leur *Bagavadam* : « l'Etre unique paraît sous trois formes, mais il est un : adresser son culte à une de ces formes, c'est s'adresser aux trois ou au seul Dieu suprême. » Nous avons déjà dit que les Thibétains appelaient l'Etre suprême Dieu *un* et Dieu *trin*. « Ils se servent d'une espèce de chapelet lequel ils prononcent ces paroles : *Om*, *Ha*, *Hum* ; lorsqu'on leur en demande l'explication, ils répondent que *Om* signifie *puissance*, que *Ha* est la *parole*, que *Hum* est l'*amour*, et que ces trois mots signifient *Dieu*. » (7)

---

(1) M. *Villenave* : Trad. des métamorphoses d'Ovide, notes du livre 1er, t. 1er, page 83.

(2) In principio *Dii* creavit cœlum et terram. Gen. Cap. I. V. 1. — Ecce Adam quasi unus *ex nobis* factus est. Gen. III. 22. — Venite, *descendamus* et *confundamus* linguam ipsorum. Gen. XI. 7. — V. Isaie C. XLVIII. — Le psaume XXXIIe et S. Augustin, lib. XI de Genesi ad litteram.

(3) S. Epiphane, lib. 1. adversùs hœreses, hœresi 5. — S. Ambroise, Théodoret, etc.

(4) Zohar, sur le Livre des Nombres, fol. 77, col. 307.

(5) Champollion, lettres écrites de l'Egypte et de la Nubie, p. 156.

---

(1) Giraldi, de Diis gentium.

(2) Epimènomis. — Phédon. — République.

(3) Apud Suidam.

(4) Servius.

(5) C'est du moins l'opinion de S. Justin, S. Augustin, Eusèbe et S. Clément d'Alexandrie.

(6) *Oupnek'hat*, traduction de Lanjuinais.

(7) Journal Asiatique de Paris, t. III.

Les anciens empereurs de Chine faisaient des sacrifices à l'Esprit un et trinaire, parce que la tradition portait que la grande unité comprend *trois*, qu'*un* est *trois* et que *trois* sont *un* (1). Lao-Tseu dit en parlant de Dieu : « Celui que vous regardez et que vous ne voyez pas se nomme I ; celui que vous écoutez et que vous n'entendez pas se nomme Hi ; celui que votre main cherche et qu'elle ne peut saisir se nomme Wei ; ce sont trois qu'on ne peut comprendre et qui confondus ne sont qu'un ; celui qui est au-dessus n'est pas plus brillant ; celui qui est au-dessous n'est pas plus obscur. » (2) — La création, disent les Cambojens, a été accomplie par trois Dieux principaux, en ce sens que *Probar-Missur* a créé le monde après en avoir reçu le pouvoir de *Pra-Lacupar*, qui en avait lui-même obtenu la permission de *Pra-Issur* (3). Les habitants de l'île de Cuba attribuaient aussi à trois Dieux l'œuvre de la création (4). Les sauvages du Paraguay ont une trinité de Dieux suprêmes qu'ils appellent le *Père*, le *Fils* et l'*Esprit*. Le Père accomplit les fonctions de juge ; le Fils et l'Esprit intercèdent pour les coupables ; ces trois personnes portent le même nom, *Tinimaacas* (5). — L'idole de *Tanag-Tanga*, disent les Péruviens, est trois en une (6). Une divinité des Japonais est représentée sous la forme d'un corps à trois têtes. M. Paravey a retrouvé cette même figure chez les Atzèques (7). Les Indiens ont également figuré la divinité sous le symbole d'un homme *Tricéphale* et d'un soleil qui se partage en trois soleils égaux (8).

Nous trouvons dans presque toutes les autres mythologies un Dieu en trois personnes : chez les Bouddhistes, *Bouddha*, *Dharmas* et *Sangghas ;* chez les Chaldéens, *Anos*, *Illinos* et *Aos ;* chez les Phéniciens *Ulomus* (lumière), *Olusoros* (feu) et *Eliun* (flamme) ; chez les Scandinaves, *Odin*, *Wile* et *We ;* chez les Perses, *Ahrinan*, *Ormouzd* et *Mithras ;* chez les Samothraces, *Axieros*, *Axiokersa* et *Axiokersos*. L'Hermès-Trismégiste des Egyptiens avait trois formes et trois noms : *Pahitnoufi* (celui dont le cœur est bon) ; *Arihosnofri* (celui qui produit des chants harmonieux) ; *Meui* (la raison). Chez les Grecs, *Jupiter*, *Neptune* et *Pluton* étaient parfois confondus dans un même personnage ; l'abbé de Tressan dit qu'on voit à Londres dans la collection de M. Towley une statue antique représentant Jupiter qui tient de la main droite la foudre, symbole du Dieu des cieux, et de la main gauche un trident, symbole du Dieu des mers ; on voit à ses côtés un Cerbère, symbole du Dieu des enfers (1). On trouve également une connaissance vague de la Trinité chez les Celtes, les Arabes et les Océaniens (2). C'est parce que le nombre ternaire est le symbole de la Trinité qu'il est devenu sacré chez presque tous les peuples. Citons quelques applications de ce nombre symbolique, en en restreignant le choix au polythéisme des Grecs :

Les 3 Grâces, Eglé, Thalie et Euphrosine.
Les 3 Parques, Clotho, Lachésis et Atropos.
Les 3 divisions de l'enfer.
Les 3 juges, Eaque, Rhadamante et Minos.
Les 3 furies, Tysiphone, Mégère et Alecto.
Les 3 gorgones, Sthényo, Euryale et Méduse.
Les 3 têtes de Cerbère.
Les 3 heures, Eunomie, Dicé et Irène.
Les 3 yeux du Jupiter d'Argos.
Les 3 rayons de sa foudre.
Les 3 hespérides, Eglé, Aréthuse et Hespéréthuse.
Les 3 corps de Géryon.
Les 3 cordes de la lyre d'Appollon.
Son trépied.
Le trident de Neptune.
L'unité triple de Diane, Phœbé, Hécate (5).

§ 4.

Création de l'homme.

La tradition phénicienne raconte que le premier homme *(Protogène)* et la première femme *(Eon)* naquirent du vent *Kolpia* et de sa femme *Baau*. M. Fourmont a prouvé que *Kolpia* n'est autre chose

---

(1) Le See-ki cité par de Prémare, selecta vestigia, art. 2.
(2) Mémoires concernant les Chinois, t. 1er, p. 299.
(3) Da Cruz, t. 3.
(4) Herrera, Hist. générale des Indes, liv. IX, ch. 4.
(5) Lettres édifiantes, t. IX, 2e lettre.
(6) Acort, Histoire naturelle des Indes, livre V, ch. 28.
(7) Annales de philosophie chrétienne, t. IX, p. 300.
(8) Guigniaut, religions de l'antiquité, planche 2.

---

(1) Mythologie comparée avec l'histoire, t. Ier.
(2) Duclot, Bible vengée, t. Ier, p. 39.
(3) Voyez M. Ramée, hist. générale de l'architecture, 1843, introduction ; et M. Clavel, histoire des religions, 1843, 1re livraison.

que la réunion des trois mots hébreux *quol phi a* (la voix de la bouche du Seigneur) et que le mot hébreu *Boou* (terre), s'est métamorphosé dans le nom propre *Baau*. Dans cette hypothèse fort admissible, le texte de Sanchoniation concorde parfaitement avec la Genèse puisqu'il signifierait que *le soufle de la bouche du Seigneur* a créé de *la terre* le premier homme et la première femme (1). La tradition chaldéenne suppose que tous les peuples descendent d'un même homme que *Bel* créa, en unissant l'intelligence à la matière. Il est vrai, dit Fréret, que la formation du premier homme et les moyens employés pour le douer d'une âme intelligente sont assez différents des détails que nous donne la Genèse : mais il n'y a point de contradiction dans ce qui fait l'essentiel des deux systèmes sur l'origine des hommes, d'où l'on pourrait conclure que le fonds de ces traditions qui se conservèrent dans la famille d'Abraham s'était aussi conservé, mais avec quelques altérations, parmi les Babyloniens. Voltaire n'en a pas moins assuré avec sa légèreté ordinaire qu'on ne trouve à Babylone aucune trace des auteurs de la race humaine. Il est vrai que, dans son dictionnaire philosophique, il s'écrie à propos des traditions phéniciennes et égyptiennes : *que de conformités avec la Genèse juive!* mais c'est qu'alors il veut prouver que la Genèse n'est qu'un habile plagiat des diverses cosmogonies des peuples qui avoisinaient les Hébreux : une telle assertion est trop évidemment absurde pour que nous nous donnions la peine de la réfuter.

Nous ne nous arrêterons pas à expliquer les systèmes de Zénon, d'Archélaüs, de Milet, de Parménide, et de Diogène Laerce qui s'accordaient tous sur ce point que le genre humain tire son origine du *limon* (2). Mais nous citerons l'admirable passage d'Ovide, racontant la création du premier homme : « un être plus noble et plus intelligent fait pour dominer sur tous les autres manquait encore. L'homme naquit, soit que l'architecte suprême l'eut animé d'un *soufle* divin, soit que la terre conservât encore dans son sein, quelques unes des plus pures parties de l'Ether dont elle venait d'être séparée, et que le fils de Japet, détrempant cette semence féconde, en eût formé l'homme à l'image des Dieux, arbitres de l'univers; l'homme distingué des autres animaux dont la tête est inclinée vers la terre, put contempler les astres et fixer ses regards sublimes vers les cieux. Ainsi la matière, auparavant informe et stérile, prit la figure de l'homme jusqu'alors inconnue à l'univers » (1).

Le *Sharter* des Brahmes nous dit que l'homme est le chef-d'œuvre de la création. Quand il fut sorti de la terre, Dieu lui communiqua la vie et aussitôt ses lèvres s'animèrent, ses yeux s'ouvrirent, son intelligence s'éveilla et le premier usage qu'il fit de ses facultés fut de bénir l'auteur de ses jours. Ce premier homme qui s'appela *Pourous* reçut des mains de Dieu une compagne nommée *Parcouti*. Les Natchez racontent que *Couyopol chill* humecta et pétrit de l'*argile* dont il façonna l'homme ; il soufla sur son œuvre inanimée et lui communiqua le mouvement et la vie (2). Les Mexicains croyent également que c'est avec de *la terre* que Dieu créa un homme et une femme dont provient tout le genre humain (3). D'après une tradition des mahométans, les anges Gabriel, Michael et Asrail reçurent de Dieu la mission d'aller chercher sept poignées de terre de diverse nature prises à des profondeurs différentes. La terre qu'avait recueillie Asrail fut portée en Arabie et pétrie par les anges ; ce fut la matière dont Dieu se servit pour former l'homme (4).

Mais, nous dit Voltaire, « vous ne trouvez nulle part le nom d'Adam et d'Eve ; la terre entière a gardé sur eux le silence » (5). Nous pouvons répondre avec l'abbé Guénée que Maimonide a vu le nom d'Adam dans les livres des anciens Zabiens, que Hyde et Prideaux l'ont vu dans les livres des Parses; que les Germains et les anciens Arabes ne l'ont pas ignoré; que Vossius prétend que la déesse *Isis*, dont le culte (nous dit Macrobe) était répandu par toute la terre, n'était autre qu'Eve elle-même et que son nom dérive d'*Ischa*, mot hébreu qui signifie *femme par excellence*, telle que fut notre mère commune; que Menzelius a retrouvé chez les

---

(1) Fourmont, réflexions critiques, t. 1er, ch. 5e.
(2) V. Diogène Laerce, in vitâ Zenonis et Parmenidis.

(1) Ovide, métamorph. lib. 1.
(2) Journal économique, juillet 1752.
(3) De l'Hébreu *Adamah* (terre) dérive l'Hébreu *Adam* (homme). Par identité de raison, *Eieri* des Caraïbes, *Air* des Arméniens, *Er* des Turcs, *Ere* des Tartares ne dériveraient-ils pas d'*Erets* (terre) des Hébreux. Varron et Lactance dérivent *Homo* de Humo (terre). Bulletin de la société archéologique de Beziers 1845, p. 193.
(4) Hist. universelle traduite de l'anglais, t. 1er.
(5) Philosophie de l'histoire.

Chinois le nom d'Eve *(Chaua)* dans celui de la femme de Foë *(Kua)* (1); que Voltaire dit lui-même, en parlant des Indiens : « le *Védam* enseigne que le premier homme fut Adimo et la première femme Procriti; Adimo signifiait *Seigneur* et Procriti voulait dire la *Vie*, comme Eve signifiait la *Vie*. » Nous ajouterons, en terminant, que le mot *Adam* s'est conservé sans trop d'altération avec la signification d'*Homme*, dans beaucoup de langues, et nous en citerons quelques exemples.

Hébreu	*Adam*	Homme.
Chaldéen	Adam	id.
Ethiopien	Adam	id.
Tartare	Adam	id.
Turc	Adem	id.
Persan	Adem	id.
Indien	Admi	id.
Arabe	Ebnadam	id.
Tonquin	Dan	id.
Tamoulique	Dan	id.
Celtique	Den	id.
Irlandais	Déné	id.
Runique	Dhegn	id.
Syriaque	*Odom*	id.
Latin	Homo	id.
V. Italien	Uom	id.
V. Espagnol	Omne	id.
V. Portugais	Ome	id.
V. Catalan	Hom	id.
Roman	Hom	id.
Français	Homme	id.
Lombard	Om	id.
Piémontais	Om	id.
Génois	Ommo	id.
St-Domingue	Hom	id.
Italien mod.	Uomo	id.
Portugais m.	Homem	id.
Catalan m.	Home	id.

Patois divers Home, Homi, Houme, Am, Ham. *id.* (2)

Nous conclurons ce chapitre en disant avec Burnet : « au travers de toutes les fables, on entrevoit les vestiges d'une tradition universelle qui attribuait à la Divinité la première origine des hommes. » (3)

---

(1) Comment. orig. sinic, p. 267.
(2) V. l'Essai sur la formation et sur le développement du langage des hommes, par M. J. Azaïs dont nous avons déjà eu occasion de louer la vaste érudition.
(3) Burnet. Défense de la religion.

§ 5.

Du repos hebdomadaire.

Dieu se reposa après les six jours de la création et c'est pour perpétuer la mémoire de ce repos que fut instituée la fête du Sabbat (1). L'adoption générale de la division hebdomadaire, qui n'est fondée sur aucun mouvement céleste, est une preuve de l'extrême notoriété qu'eut parmi les descendans de Noé le système de cosmogonie qui seul a pour lui la vérité. Josephe assurait qu'il y avait à peine une nation tant chez les Grecs que chez les Barbares, qui n'observât une fête septenaire (2). Son témoignage nous est confirmé par Philon qui ajoute que partout ce jour était considéré comme devant rappeler la naissance du monde (3). Hésiode et Homère appellent ce jour ιερον ημαρ *(jour saint);* Callimaque et Linus donnent la raison de cette dénomination en disant que ce fut en ce jour que se termina l'œuvre de la création (4).

Les Perses célèbrent chaque année six fêtes commémoratives des six jours de la création (5). Les Zafe-Ibrahim *(descendans d'Abraham)*, de Madagascar, observent le repos du 7ᵉ jour; ils sont persuadés qu'une infraction sur ce point leur attirerait quelque calamité inévitable (6). Chez les peuples du Congo, la semaine n'est composée que de quatre jours dont le dernier est consacré au repos : il est présumable qu'il n'en a pas toujours été ainsi et que la paresse les aura portés à retrancher trois jours de travail pour trouver occasion de se livrer plus fréquemment à l'indolence. On pourrait peut-être en dire autant des indigènes du royaume de Benin dont le jour de repos revient tous les cinq jours. — Nous trouvons un septième jour consacré au repos et à la prière chez les Chaldéens, les Syriens, les Egyptiens, les Arabes, les anciens Chinois, les Goths, les anciens peuples du Nord, les Indiens, les Péruviens, les Abyssins, les Nègres de la Guinée et de la Côte-d'Or, et tout le monde sait que les musulmans se

---

(1) Sabbat signifie *Repos*.
(2) Contra Appionem. l. II, *ad finem*.
(3) De Opif. Mundi.
(4) Burnet, défense de la religion. t. 1, p. 259.
(5) Lord's, religion of the Perses, c. 8.
(6) Flaccourt, hist. de Madagascar.
(7) Hist. univ. des anglais. t. LXV, p. 36.

reposent le vendredi (1) ; les juifs, le samedi (2) ; les chrétiens, le dimanche (3).

Le nombre 7 est devenu un nombre sacré et symbolique chez les Hébreux : nous nous bornons à rappeler

Les 7 jours consacrés à pleurer la mort de Jacob.
Les 7 tours de Josué autour de Jéricho.
Les 7 chants de trompettes qui font crouler les murs de Jéricho.
Les 7 jours de la fête de Pâques.
Les 7 jours de la fête des moissons.
Les 7 jours de la fête du tabernacle.
Les 7 enceintes du temple de Salomon.
Les 7 années employées à son érection.
Les 7 branches du chandelier.
Les 7 agneaux offerts dans les sacrifices.
Les 7 taureaux et les 7 beliers offerts par Balaam, etc.

Le nombre septenaire fut également symbolique chez les payens qui le considéraient comme l'expression de la perfection (1). Il est impossible de ne pas voir l'influence d'un souvenir sacré dans

Les 7 titans.
Les 7 titanides.
Les 7 tuyaux de la flûte de Pan.
Les 7 cordes de la lyre d'Apollon.
Les 7 filles d'Astarté.
Les 7 pilotes d'Osiris.
Les 7 portes du temple d'Héliopolis.
Les 7 degrés du temple des Destins.
Les 7 tablettes du livre des Destins.
Les 7 tours de Bysance.
Les 7 castes du peuple Egyptien.
Les 7 ouvertures de l'idole de Moloch.
Les 7 dieux planétaires des Indiens.
Les 7 Manous   id.
Les 7 Richis   id.
Les 7 mers du mont Mérou id.
Les 7 anneaux des Brahmes.
Les 7 esprits célestes des Japonais.
Les 7 catégories d'anges des Siamois.
Les 7 amschaspands de Mythra.
Les 7 villes du paradis Scandinave.
Les 7 dormants des Arabes.
Les 7 cieux des Madécasses, etc. (2).

§ 6.

Paradis terrestre. (3).

La fable du jardin des Hespérides est une altération évidente de l'antique tradition du paradis terrestre. Le mot Hespéride dérive de l'hébreu et signifie *l'arbre*

---

(1) Ce jour-là, il faut qu'à l'heure de la prière tous les fidèles se rendent à la mosquée ; mais ils peuvent ensuite vaquer à leurs affaires. Les Mahométans n'ont que deux fêtes qui exigent un repos absolu. (Encyclopédie des gens du monde, V° Religions.

(2) Les Juifs poussent jusqu'à l'extravagance leurs scrupules sur ce qui regarde le repos du sabbat. Ils n'osent, ni allumer ni éteindre le feu ; ils ont soin d'apprêter la veille tout ce qui est nécessaire pour leur repas : ils évitent de porter ce jour-là aucun fardeau. Manier de l'argent, monter à cheval, aller en bateau, jouer des instrumens, se baigner sont autant de choses contraires à la loi du sabbat. A peine permet-on aux chirurgiens de panser les plaies de leurs malades : il n'y a que les médecins auxquels on laisse la liberté d'exercer leurs fonctions, dans le cas où le malade aurait besoin d'un prompt secours. (Lacroix, Dict. des cultes, V° Sabbat.)

(3) La loi ecclésiastique qui fixe au dimanche le jour commémoratif du repos du Seigneur a toujours été protégée par les législateurs qui ont su comprendre que la violation du repos dominical est aussi anti-sociale qu'anti-religieuse. Constantin ordonna que le dimanche fût célébré dans tout son empire ; St-Léon interdit ce jour-là les plaidoyers et les jeux stèniques ; les empereurs Théodose, Anthernius et Valentinien confirment ces ordonnances. Les lois des Lombards, des Francs, des Anglo-Saxons prenaient le dimanche sous leur protection. Edouard le Confesseur et Guillaume de Normandie défendirent d'arrêter les débiteurs insolvables depuis trois heures du samedi jusqu'au lundi matin. Les lois des Bourguignons, des Germains, des Goths, des Bavarrois défendaient le travail dominical. En Angleterre, d'après les ordonnances d'Alfred-le-Grand, ce travail fesait passer l'homme libre à la condition d'esclave. En France, Childebert II, Pépin-le-Bref et Charlemagne condamnèrent à l'amende par leurs édits ceux qui profanaient le repos du dimanche. Ils ont compris tous que la loi humaine devait avoir une sanction religieuse et que sans la religion, il est presque impossible de gouverner les hommes. (V les ordonnances des rois de France., l'hist des fêtes mobiles par Baillet, le génie du Christianisme et les fêtes chrétiennes de M. le V¹ᵉ Walsh.)

(1) Cicéron dit dans le *songe de Scipion* qu'il n'est presqu'aucune chose dont ce nombre ne soit le nœud, et suivant le *timée* de Platon, l'origine de l'âme du monde y est renfermée. Aristote, Macrobe, Plutarque, Diogène Laerce, Proclus professent une grande admiration pour ce nombre que les premiers grecs appellaient *septas* (vénérable).

(2) V. l'introduction de l'histoire générale de l'architecture par M. D. Ramée, la première livraison de l'hist. des Religions par M. Clavel, la symbolique de Creuser, t. 3, p. 243, celle de Baur, t. 2, p. 314, etc.

(3) D'après D. Calmet, Samson et Michaëlis le paradis terrestre s'étendait du Phase à l'Euphrate et du Tigre à l'Araxe et comprenait l'Arménie, le Chorasan, le Ghilan, etc. Les Arméniens nomment encore maintenant *chos* la contrée que l'Ecriture appelle *terre de Chus*. Huet et Bochart placent l'Eden dans la Babylonie, près du *fleuve des Arabes*.

au paradis (1). On voit à la bibliothèque du Roi un médaillon d'Antonin-Pie qui figure Hercule cueillant les pommes du jardin des Hespérides; un grand serpent s'enroule autour du tronc de l'arbre qui porte des fruits d'or et auprès duquel sont trois Hespérides. « S'il n'y en avait qu'une, dit l'abbé Massieu, il n'y aurait personne qui ne crut voir Eve et Adam et tout ce qui est rapporté au chapitre IIIᵉ de la Genèse » (2). Le nom de *Chérubin* se retrouve dans celui des corybantes qui servaient de *gardes* aux premiers rois de Phrygie (3). Le nectar et l'ambroisie qui rendaient les Dieux immortels ne sont-ils pas aussi un souvenir de l'arbre que Dieu nomma lui-même *arbre de vie ?* (4)

Les poètes de l'antiquité ont placé, sous le règne de Saturne et sous le beau ciel d'Italie, la tradition de l'Eden, qu'ils ont défigurée sous le nom d'âge d'or (5). Hésiode, Horace et Virgile nous en ont laissé de ravissantes descriptions, qui n'égalent pourtant point celle du chantre des métamorphoses (6). « Du temps de l'âge d'or, nous dit Ovide, les hommes gardaient volontairement la justice et suivaient la vertu sans effort; ils ne connaissaient ni la crainte ni les supplices; des lois menaçantes n'étaient point gravées sur des tables d'airain; on ne voyait pas des coupables tremblants redouter les regards de leurs juges, et la sureté commune être l'ouvrage des magistrats. Les pins, abbatus sur les montagnes, n'étaient pas encore descendus sur l'océan, pour visiter des plages inconnues. Les mortels ne connaissaient d'autres rivages que ceux qui les avaient vu naître. Les cités n'étaient défendues ni par des fossés profonds, ni par des remparts; on ignorait et la trompette guerrière et l'airain courbé du clairon. On ne portait ni casque, ni épée, et ce n'étaient pas les soldats et les armes qui assuraient le repos des nations. La terre, sans être sollicitée par le fer, ouvrait son sein et, fertile sans culture, produisait tout d'elle-même. L'homme, satisfait des alimens que la nature lui offrait sans efforts, cueillait les fruits de l'arboisier et du cornouillier, la fraise des montagnes, la mûre sauvage qui croît sur la ronce épineuse et le gland qui tombe de l'arbre de Jupiter. C'était alors le règne d'un printemps éternel. Les doux zéphirs animaient de leurs tièdes haleines les fleurs écloses sans semence. La terre, sans le secours de la charrue, produisait d'elle-même d'abondantes moissons. Dans les campagnes, s'épanchaient des fontaines de lait, des fleuves de nectar, et de l'écorce des chênes, le miel distillait en bienfaisante rosée. » (1)

Les livres sacrés des Chinois nous font aussi une délicieuse peinture des temps primitifs ; ils nous représentent la nature empressée de répondre aux désirs de l'homme et produisant sans culture les fruits les plus savoureux. Les saisons réglées dans leur cours n'étaient point troublées par le vent et les orages ; le cœur de l'homme était en harmonie avec cette tranquillité de la nature ; il obéissait sans efforts aux lois de la conscience et ne s'écartait jamais des principes de l'équité. Quelques anciens auteurs chinois parlent d'un jardin mystérieux planté sur la montagne de Kouen-lun, dont un animal céleste défend l'entrée et où se trouve l'arbre de l'immortalité (2). Les Indiens placent aussi dans leur *chorcam* un arbre dont les fruits divins communiquent l'immortalité et un serpent nommé *cheicn* (3). Ils appellent *critra* l'âge fortuné où les hommes vivaient quatre cents ans au sein des délices. « Alors la droiture reposait sur quatre pieds et l'intérêt ne réduisait point les hommes à l'injustice : mais l'intérêt et l'injustice augmentant d'âge en âge, la justice fut successivement privée d'un de ses pieds et finit par ne plus tenir à la terre que d'un seul. » (4)

Il est impossible de méconnaître l'arbre de vie dans l'*Ydrasils* des Scandinaves : c'est un frêne gigantesque qui couvre le monde entier de ses rameaux. Sous une de ses racines est caché le serpent *nydhogur*, et sous une autre, coule la fontaine de la science (5).

---

(1) *Etz* arbre, *pardès*, paradis, jardin. — On sait qu'une de ces pommes jetées par la Discorde troubla la paix des nôces de Pélée, dont le nom a un singulier rapport avec celui d'Adam : car Pélée signifie *boue* (πηλός), comme Adam signifie *terre* (*adamah*).

(2) Mémoires de l'académ. des inscriptions. t. IV, p. 68.

(3) Pitiscus, lexicon antiquit.

(4) Nichols, conf. t. 1ᵉʳ.

(5) Voyez Banier, Vossius et Bochart.

(6) Hésiode, les travaux et les jours. — Virgile, 4ᵉ églogue et 1ᵉʳ livre des géorgiques. — Horace, épodes.

---

(1) Ovide, métamorph. l. 1.

(2) Le *see-ki*. — Le *tchouang-tsee*. — Le *chan-ai-hink*. — Cités par de Prémare, selecta vestigia, art. 3.

(3) Bouchet, lettre à monseigneur l'évêque d'Avranches, t. 11 des lettres édifiantes.

(4) Le *manava dharma sastra*, cité par Guigniaut, religions de l'antiquité. l. 1. p. 61.

(5) Edda Islandorum, dœm. 14.

Le règne de *Quetzalcoatl* est l'âge d'or des Mexicains. Des oiseaux au brillant plumage remplissaient alors les airs de leurs concerts harmonieux ; des moissons dorées couvraient les plaines, sans réclamer les travaux de l'homme ; la paix et le bonheur florissaient partout, jusqu'à ce que *Cihuacohuatl* (la femme au serpent) eut perdu le genre humain (1). Les Tartares gardent aussi le souvenir d'un état primitif de perfection qui disparut aussitôt que l'homme eut goûté d'une plante nommée *chimé* (2).

Les Madécasses placent le paradis terrestre dans le soleil ou dans la lune. Ce jardin rempli de fruits délicieux était arrosé par quatre rivières, une de lait, une de miel, une autre d'huile et une quatrième de vin. Le Démon engagea Adam à goûter de ces fruits savoureux : mais le premier homme répondit que la défense expresse lui en avait été faite par le Créateur. L'Esprit malin eut alors recours au mensonge et certifia qu'il venait de la part de Dieu, pour lui rendre toute liberté sur ce point. Adam s'empressa d'user de cette permission ; mais il ne tarda pas à être dénoncé par celui qui avait abusé de sa crédulité (3).

Les habitans des îles Mariannes disent que *Ligobund* descendit sur la terre, où elle mit au monde trois enfans. Elle fit de la terre un séjour délicieux, en la sillonnant de rivières et en la parsemant de fleurs et de fruits. Elle la peupla d'hommes intelligents qui restèrent à l'abri des maladies et de la mort, jusqu'à ce que le malin Esprit, *Erigirégers*, eut banni le bonheur et la paix de ces lieux enchanteurs.

§ 7.

Chûte originelle de l'homme.

La fable de Pandore, comme le récit mosaïque, fait résulter la déchéance du genre humain de la coupable curiosité d'une femme. Jupiter, pour se venger de Prométhée qui avait ravi le feu du ciel (4), envoya Pandore lui présenter une boîte qui recélait toutes les douleurs et tous les maux. Prométhée, inspiré par une sage défiance, refusa ce présent ; mais son frère Epiméthée céda aux instances de Pandore et ouvrit cette boîte mystérieuse, d'où s'échappèrent tous les maux qui désolèrent le siècle de fer. C'est alors que la guerre fit connaître ses fureurs, que la violence et la trahison succédèrent à la bonne foi, que la Discorde agita ses brandons et que les lois de l'hospitalité furent indignement violées (1). — Nous trouvons dans l'histoire de Psyché, comme dans celle d'Eve, un jardin de délices, une défense sanctionnée par la menace d'une peine grave, les perfides conseils de l'envie, un crime inspiré par la curiosité, et une punition qui s'étend sur toute la postérité de la coupable (2).

Les Perses disent que l'homme vivait dans l'innocence, et par conséquent dans un état de félicité complète, avant que prévalut l'influence d'*Arhiman* qui, après lui avoir fait manger certains fruits, resta sur la terre, sous la forme de couleuvre (3). — Les annales de la Chine racontent que sous le règne de *Tyen-Hoang*, l'Esprit céleste mit à mort le Dragon qui avait introduit le désordre dans l'univers. C'est la femme qui avait été la première cause de tous ces maux. « C'était au fruit de l'arbre de vie interminable, dit un écrivain chinois, qu'était attachée la conservation de la vie..... la gourmandise perdit l'univers et fut la porte de tous les crimes (4). »

« Les Iroquois racontent que l'un des six premiers hommes attendit au pied d'un arbre une femme...... elle vint. L'homme qui l'attendait lia conversation avec elle et lui fit un présent de graisse d'ours, dont il lui donna à manger. La femme se laissa séduire ; le maître du ciel s'en aperçut et dans sa colère, il la chassa...... cette femme eut deux enfans qui se battirent ensemble et dont l'un fut tué. De cette femme sont descendus tous les autres hommes, par une longue suite de générations. » (5). — Nos premiers parents, disent les Tartares vécurent au sein d'un bonheur sans mélange jusqu'à ce qu'ils eussent mangé d'une plante qui abrégea leurs jours et leur fit connaître la douleur et la peine (6).

---

(1) M. de Humboldt, vues des Cordillières. t. 1, p. 235.
(2) Journal asiatique, t. 3, Voyage de Bergmann.
(3) Histoire générale des voyages, ed. in-4°. t. XI.
(4) Huet prétend que le feu dérobé par Prométhée est le symbole de l'arbre de la science. « Ignem de cœlo subreptum, arbores scientæ boni ac mali, symbolum esse manifestum est. » Demonst. evang., p. 130.

(1) V. la théogonie d'Hésiode et les métamorph. d'Ovide.
(2) V. Apulée.
(3) *Boun-dehesh*. Trad. par Anquetil-Duperron.
(4) Mémoires concernant les Chinois, par les missionnaires de Pékin, t. 1er, p. 107. — Martin, hist. sinic. l. 1, p. 16.
(5) Lafitau, mœurs des sauvages américains. t. 1er, ch. 2.
(6) Pallas, voyage en Sibérie. t. 1.

C'est aussi à une plante (le *chimé*) que les Thibétains attribuent la cause occasionelle de la déchéance primitive (1).

Les Mexicains trouvent l'explication des malheurs du genre humain dans la crédulité de la première femme trompée par un dragon. Leurs peintures représentent souvent *Cihuacohualt*, la mère commune des hommes, en rapport avec un grand serpent, et le grand esprit *Tezcatlipoca* pourfendant une couleuvre panachée (2). — Les habitans des îles Carolines disent qu'il fut un temps où la mort était inconnue, et que ce fut un esprit malfaisant, *Elus Mélabus*, qui la fit descendre sur la terre (3).

C'est le souvenir du démon-serpent qui a fait attribuer à ce reptile par les peuples anciens de merveilleuses facultés. Hélène et Cassandre acquièrent une puissance d'audition extraordinaire, dès que les serpens d'Apollon leur ont léché les oreilles. C'est la même cause qui rend si subtile l'ouïe de Mélampus, qu'il entend la conversation des animaux (4). Les Indiens, au rapport de Philostrate, mangeaient le cœur et le foie de certains dragons, dans l'intention de se communiquer leur intelligence surhumaine (5). — Nous retrouvons encore le souvenir du serpent de la Genèse, dans le *Pithon* des Grecs percé de flèches par Apollon; dans l'hydre de Lerne, le dragon des Hespérides et le serpent du temple d'Epidaure; dans le grand serpent des Salivas, vaincu par *Purra*, le fils du très-haut (6); dans le *Chein* des Indiens, dont la terre est délivrée par le dieu *Shiven* (7); dans le *Sciur* des Scandinaves dont l'*Edda* fait une peinture effrayante : « son palais est le chagrin ; sa table, la famine ; son couteau, la faim. La lenteur lui sert de domestique ; la maladie et la mort composent son lit ; la malédiction et les gémissemens forment sa tente » (8). Voilà bien l'énumération de tous les maux que le serpent tentateur a introduits sur la terre.

L'idée de serpent s'étant alliée primitivement avec celle de démon, il n'est pas étonnant que le Polythéisme ait rendu à ce reptile un culte inspiré par la terreur. Le serpent est encore aujourd'hui, sous le nom de *Daboué*, le Dieu tutélaire du royaume de Juidah, sur les côtes de Guinée. Il a un temple, des prêtres, des esclaves, des revenus et c'est par de riches offrandes qu'on lui témoigne sa vénération (1). Les paysans des environs de Wilna ont encore actuellement une vénération superstitieuse pour le serpent qui était adoré par leurs ancêtres, ainsi que par les peuples d'Estonie, de Livonie, de Courlande et de Samogitie. — Quand les nègres du royaume de Fida apprennent qu'un serpent, génie familier de leurs maisons, a été brûlé dans un incendie, ils se livrent à la plus vive désolation et s'imposent des amendes, dans l'espérance que leurs regrets empêcheront le serpent brûlé à ne pas exercer sa vengeance contre eux (2). — Si l'on admettait les opinions du docteur Stuteley et des antiquaires anglais, il faudrait considérer nos ancêtres comme de fervents adorateurs du serpent. Ils regardent les alignemens celtiques, qu'ils nomment *Dracontium*, comme la figure des ondulations d'un serpent; ces alignemens de *Peulvans* seraient des monumens gigantesques du culte ophiolatrique. Comme le plus célèbre des *Dracontium*, celui de Karnac, n'offre qu'un coude insensible qu'on pourrait attribuer au hazard, les antiquaires anglais supposent que les alignemens de Karnac et d'Ardven n'en fesaient qu'un autrefois, et, en imaginant une ligne qui aurait réuni les deux monumens, ils obtiennent une ondulation bien prononcée (3). Ce n'est là qu'une conjecture : mais qu'elle soit probable ou non, il n'en reste pas moins démontré que le serpent a reçu les honneurs du culte chez un grand nombre de peuples et que l'universalité de cette vénération superstitieuse ne peut provenir que du souvenir altéré du serpent-démon qui trompa nos premiers parents (4).

---

(1) Bergmann, système religieux thibétain-mongol. — Journal asiatique. t. III.
(2) M. de Humboldt, vues des Cordilières. t. 1, p. 235.
(3) Desbrosses, hist. des navigations aux terres australes. t. II.
(4) Apollodore.
(5) Vie d'Apollonius.
(6) Gumilla, histoire naturelle de l'Orénoque.
(7) Bouchet, lettre à monseigneur l'évêque d'Avranches.
(8) Edda Islandorum, dœmesanga 14.

(1) Valmont de Bomare, dict. d'histoire naturelle, article *serpent*.
(2) Dictionnaire des cultes religieux. t. IV, p. 254.
(3) V. les mémoires de la société des antiquaires de Londres, l'essai sur les antiquités de la Bretagne par M. de Fréminville, et l'essai sur les antiquités du Morbihan par M. l'abbé Mahé.
(4) V. la Religion constatée universellement à l'aide des sciences et de l'érudition modernes par M....... de la Marne. Paris 1833. 2. 8°.

§ 8.

Des Anges et des Démons.

L'existence des bons et des mauvais Anges, leur nature, leurs fonctions nous sont révélées dès les premières pages de la Genèse, et les autres livres canoniques complètent sur ce sujet l'enseignement de Moyse, avec une précision de détails fort remarquable (1). Ce dogme était de nature à frapper vivement l'imagination : aussi toutes les mythologies s'en sont-elles emparé, en peuplant les airs d'Anges, de Démons, d'Esprits et de Génies.

La mythologie chaldéenne donne une grande puissance aux Génies ; ce sont eux qui répandent la pluie, amassent les tempêtes, déchaînent les orages, enflamment les volcans et dirigent le cours des astres. Les mauvais Génies sont emprisonnés au centre de la terre : mais ils trompent souvent la vigilance de leurs gardiens et c'est pour cela que l'harmonie de la nature est parfois troublée et le cœur de l'homme tristement agité (2).

— Les douze mois de l'année des Perses étaient sous l'invocation d'un Génie, dont ils portaient le nom ; ces intelligences du second ordre étaient les instrumens de la providence, chargés de lutter contre l'influence des Esprits de ténèbres, qui éprouvent par la tentation la fidélité des hommes (5).

Le Dieu des Indiens créa une grande multitude d'Anges qui étaient soumis à l'autorité de Brahma, Vichnou et Siva. La plupart se trouvaient heureux de cette obéissance qui ne restreignait pas trop leur liberté : mais quelques-uns d'entre eux, nommés *Assouras*, inspirés par l'orgueil et les conseils de leur chef *Mahechâsoura*, portèrent leurs prétentions jusqu'à vouloir gouverner l'univers. Dieu employa d'abord la douceur pour les contenir dans les limites du devoir : mais voyant que sa bonté était méconnue, il ordonna à Siva de chasser du ciel les rebelles, qui furent exilés dans les 15 mondes de Purification (1).

Les Chinois honorent des Génies qui, d'après l'ordre de *Shang-ti* (l'empereur suprême), veillent, les uns sur les villes, les provinces, les royaumes ; les autres sur les rivières, sur les montagnes et sur les hommes. Ce sont les gouverneurs invisibles du monde, auxquels on doit des sacrifices solennels. « Que la vertu des Anges et des Génies est sublime ! (lit-on dans un de leurs livres canoniques) qu'elle est grande ! Tu les regardes et tu ne les vois pas ; tu les écoutes et tu ne les entends pas. Ils sont unis à la substance des choses et l'on ne peut les écarter. Ils sont cause que, dans tout l'univers, les hommes se purifient et se revêtent d'habits de fête, pour offrir des oblations et des sacrifices. Que leur multitude est immense ! Ils sont à notre gauche et à notre droite, ainsi qu'au-dessus de nous. » (2).

Les Madécasses comptent sept cathégories d'Anges. Les *Malainka* dirigent le cours des planetes, régissent l'atmosphère et entourent les hommes de leur protection bienveillante. Les *Coucoulanpou* sont exempts de maladies, mais sujets à la mort ; ils règnent dans la solitude et ne se rendent visibles qu'à ceux qu'ils gratifient de leurs faveurs. Les *Sacaras* sont les Démons qui prennent possession des corps : on appaise leur fureur par des sacrifices de bœufs, de moutons et de coqs (5). Les Siamois distinguent aussi sept ordres d'Anges qui surveillent la conduite des hommes et tiennent note de leurs actions. Quand ils consignent sur leur registre un acte criminel, le coupable en est averti par un éternuement. On se préserve de la malice des Esprits à l'aide de certains papiers, où sont tracées des paroles magiques (4).

Les Péruviens professent la plus grande horreur pour le Démon *Cupay* et la manifestent en crachant à terre,

---

(1) Genèse. III, 1, 24. — XVI, 7, 18, 19, 21. — XXII, 11. — XXIV, 7. — XXVIII, 12. — XXXI, 11, 65. — XXXII, 24. — XLVIII, 16. — Exode III, 2. — XIII, 21. — XIV, 19. — XXIII, 20. — XXXII, 34. — XXXIII, 2, etc.

(2) Ne serait-ce pas à la tradition Chaldéenne que Platon aurait emprunté la doctrine des *Eons* ou Dieux secondaires qui président à la conservation du monde, doctrine qui fut plus tard adoptée par Valentin, Cerynthe et les Gnostiques ? — (V. sur la myth. Chaldéenne les Mémoires pour servir à l'histoire des égaremens de l'esprit humain, par rapport à la Religion.)

(3) Mandelso, voyage d'Olearius, t. II, p. 215. — Sept Esprits célestes, nommés *Amscharpands* président aux sept premiers jours du mois.

(1) J. Z. Holwel, évènemens historiques intéressants relatifs aux provinces du Bengale et de l'Indostan, traduit de l'anglais, 2 in-8°, Paris 1768 — On lit dans l'Oupnek'hat, p. 72 : « les bons Anges ont remporté la victoire en confessant Dieu, en l'appelant à leurs secours et en invoquant son nom mystique. » On lit encore dans le même livre (n° 90, p. 62) que les bons Génies disent à Dieu : « saint, saint est le maître des Anges et des âmes » Quel frappant rapport avec le *sanctus*, *sanctus* du prophète Isaïe.

(2) Le *Tchoung-young*, ch. 16. — Publié par M A. Rémusat dans le tome X° des Notices et extraits des MSS. de la bibliothèque du Roi.

(3) Rennefort, p. 1, l. 2. — Hist. générale des voyages t. XI.

(4) Le P. Tachard.

après l'avoir nommé (1). — Les Moluquo's sont persuadés que les Démons communiquent la petite vérole : aussi ne sortent-ils jamais le soir sans porter avec eux une gousse d'ail, qui doit leur servir de préservatif infaillible. — Les Nègres de la côte d'or ont la plus profonde aversion pour le Démon : quand ils pensent qu'il réside dans un de leurs villages, ils pratiquent pendant huit jours des cérémonies bizarres et licentieuses et finissent par chasser l'Esprit malin, en jettant des pierres et en poussant de grands cris. — Les habitans de Pégu (Gange) employent des moyens plus doux pour détourner la colère du Diable; ils empilent une grande quantité de plats savoureux, sur un échaffaud dressé tout exprès pour ce vorace convive. Ils poussent parfois la déférence jusqu'à lui abandonner, pendant trois mois, la possession de leur maison, qu'ils ont préalablement pourvue d'une grande quantité de vivres (2).

Les Californiens croyent à la révolte des Esprits malins contre leur créateur (3). De même que les sauvages de l'Orénoque, ils pensent que le Démon est un Génie séducteur qui tend à l'homme de continuelles embûches (4). — Les Turcs placent la révolte des Anges immédiatement après la déchéance d'Adam. Depuis sa chûte, Satan attise les passions dans le cœur de l'homme : mais les bons Anges contrebalancent son influence par les secours qu'ils nous donnent (5).

Les Nymphes, les Satyres, les Dryades, les Sylvains, les Faunes, les Furies, les Parques et les Génies de la mythologie des Grecs sont une altération évidente du dogme des bons et des mauvais Anges, qu'ils avaient emprunté aux Phéniciens (6). L'existence des bons et des mauvais Esprits fut également admise par les Scandinaves (7), les Arabes (8), les Scythes (9), les Thraces (10), les Gètes et les Massagètes (11), les Goths (1), les Celtes (2) et les Mexicains (3). Cette croyance se retrouve encore chez les Thibétains (4), les Kalmouks (5), les Japonais, les Cochinchinois et les naturels de Ceylan et des îles Philippines (6).

Tous les peuples ont cru non-seulement à l'existence des Démons, mais aussi à leur influence mystérieuse; nous pourrions citer à l'appui de cette assertion un grand nombre de faits (7); mais nous préférons consigner ici deux aveux d'une grande autorité. Le premier est d'un auteur fort anti-religieux, M. Salverte, qui dit en propres termes : « les idées des Hébreux sur les possessions des Démons étaient celles de tous les peuples anciens. » (8). Nous empruntons le second aveu, encore plus explicite au célèbre médecin Hoffmann : « que les Démons agissent sur les corps humains, c'est ce qui a été cru de temps immémorial par toutes les nations, observé avec un accord admirable par les théologiens comme par les philosophes et les plus sages médecins........ Assurément en matière de faits, il faut s'appuyer sur la seule autorité des témoignages : or, je doute qu'il y ait jamais eu quelque relation de faits fondée et affermie sur une autorité plus grande que celle qui nous apprend que les Démons ont produit différents effets sur les corps naturels et sur celui de l'homme. » (9).

§ 9.

Promesse et attente d'un Rédempteur.

A peine l'homme, trompé par le Démon, fut-il déchu de son innocence originelle, que Dieu lui promit un Rédempteur. Cette promesse, qu'il renouvelle de siècle en siècle, était bien de nature à trouver un grand

---

(1) Garcilasso, histoire des Incas, partie 2, ch. 18.
(2) Dictionnaire des cultes religieux. V° Anges, Démon, Diable, etc.
(3) Venegas, histoire naturelle et civile de la Californie, part. 1, sect. 2.
(4) Gumilla, histoire naturelle de l'Orénoque, ch. 28.
(5) Théologie d'Omer Nesséfy, n° 1.
(6) Huet, alnetanæ quæst. lib 2, cap. 4, p. 125.
(7) Edda islandorum, dœmesanga 3, 4, 6.
(8) D'Herbelot, Bibliothèque orientale, art. Div. t. II, p. 522.
(9) Hérodote, l. 4.
(10) Luciani opera t. II, p. 152.
(11) Diogène Laerce l. 8, vita Pythagoris.

(1) Jornandez, de rebus goticis.
(2) Pelloutier, hist. des Celtes.
(3) Vincent-le-Blanc, voyages, part. 3, ch. 9.
(4) Bergmann, système religieux Thibétain.
(5) Malte-Brun, précis de géographie.
(6) V. sur les Anges : Banier, mythologie et fables des anciens. — Dissertation sur les bons et les mauvais Anges, bible d'Avignon t. XIII, p. 255. — Monseigneur Bouvier, institut. Philosoph. t. II, p. 222.
(7) V. Plutarque, de oraculorum defectu. — Eusèbe, preparat. évangel. l 4. — Bayle, dict. historique, art. magus. — M. Ferdinand Denys, tableau hist. des sciences occultes, introduct.
(8) M. Salverte, des sciences occultes, t. II, ch. 19.
(9) De Diaboli potentiâ in corpora, t. V des œuvres complètes d'Hoffmann.

retentissement : aussi l'attente des Juifs fut-elle partagée par les Gentils. Mille ans avant la venue du Messie, on pouvait lire dans le *Barta chastram* cette étonnante prédiction : « il naîtra un brahme dans la ville de *Sçambelam :* ce sera *Wichnou Iesoudou*... alors, ce qui était impossible à tout autre qu'à lui, ce *Wichnou Iesoudou*, brahme, conversant parmi ceux de sa race, purgera la terre des pécheurs, y fera régner la justice et la vérité, et offrira un sacrifice... » Qu'on traduise *brahme* par prêtre, *scambelam* par Bethleem (1), et *Iesoudou* par Jésus ; qu'on remarque que Wichnou, qui s'appelle aussi *Chrishna* (Christ), est la seconde personne de la trinité indienne, et qu'on nous dise s'il y a beaucoup de prophéties qui soient mieux circonstanciées (2). — La mythologie gothique, transportant l'avenir dans le passé, nous représente *Thor*, le premier né du Dieu par excellence, comme un Rédempteur qui brise la tête du serpent, mais qui n'en délivre la terre qu'aux dépens de sa propre vie.

Le rituel des sacrifices d'expiation doit être regardé comme fondé sur la promesse d'un Rédempteur. Quand Dieu promit de racheter le monde par les mérites du sang de J.-C., il devint nécessaire d'instituer un signe visible, au moyen duquel le sacrifice du Golgotha pût être annoncé d'une manière prophétique à toute la postérité d'Adam. C'est dans cette intention qu'on immola les premiers nés des troupeaux. Cette oblation instituée par Dieu lui-même fut le type des sacrifices que nous voyons pratiqués par tous les peuples, et devint l'expression symbolique du besoin d'un Rédempteur (3). Cette attente générale fut encore plus clairement formulée par les oracles des sibylles qui annonçaient la venue d'un roi puissant, qui étendrait sur tout l'univers la domination du peuple romain, et celle d'un auguste personnage de l'orient, qui renouvellerait la face du monde. Ces deux personnages, que Virgile a confondus dans sa célèbre églogue, sont désignés d'une manière bien distincte (4). Le premier n'est autre qu'Octave, le second est Jésus-Christ (5). Les Juifs eux-mêmes aveuglés par leurs préventions, avaient confondu les prophéties

---

(1) L'un de ces mots signifie littéralement *maison de pain*, et l'autre *pain de maison*.
(2) Recherches asiatiques, traduction de Labaume.
(3) Faber, Horæ mosaicæ.
(4) Wiston, Vindication of sibyll. orac. p. 31.
(5) Burmanni, not in Suet. vit. Augusti c. 94.

dont ils étaient dépositaires : il n'est donc point surprenant que Virgile, et après lui Suétone et Tacite, soient tombés dans la même erreur (1).

Les Mages qui vinrent adorer notre Seigneur étaient probablement des disciples de *Zerdusht* (Zoroastre). Ce philosophe célèbre prédit, dans le *Zendavesta*, la naissance d'un personnage nommé *Oshandezbegha* (Homo mundi), qui devait enseigner la justice et la vérité, et qui, malgré la persécution du Démon, ferait régner le bonheur sur la terre (2). « Zerdusht, le fondateur de la secte des Mages, déclara aux Parsis que N. S. se manifesterait, en leur ordonnant de lui apporter des présents. Il avait prédit qu'une femme concevrait, en restant vierge, et qu'au moment où le enfanterait, il paraîtrait au ciel, en plein jour, une étoile au milieu de laquelle serait représentée une Vierge (3). »

Si nous en croyons Lactance, Mercure Trismégiste aurait écrit que « le fils de Dieu fait homme par la volonté de Dieu serait l'auteur de la régénération, et que des cultes divers de l'Egypte, il ne resterait que de fabuleux récits auxquels la postérité ne pourrait ajouter foi (4). » — Les Mexicains disaient à Fernand Cortez qu'une de leurs plus antiques prophéties leur annonçait

---

(1) Tacite, hist. V. 13. — Suétone, Vespasian. c. 4. — Bibliothèque Britannique, tome LVI, p. 31. — Rappelons ici les vers de Virgile.

ULTIMA CUMÆI VENIT JAM CARMINIS ÆTAS.
MAGNUS AB INTEGRO SECULORUM NASCITUR ORDO.
JAM REDIT ET VIRGO, REDEUNT SATURNIA REGNA ;
JAM NOVA PROGENIES DEMITTITUR ALTO.
. . . . SI QUA MANENT SCELERIS VESTIGIA NOSTRI
IRRITA PERPETUA SOLVENT FORMIDINE TERRAS.
ILLE DEUM VITAM ACCIPIET, DIVISQUE VIDEBIT
PERMIXTOS HEROAS ET IPSE VIDEBITUR ILLIS,
PACATUM QUE REGET PATRIIS VIRTUTIBUS ORBEM.

AGGREDERE O MAGNOS, ADERIT JAM TEMPUS, HONORES
CARA DEUM SOBOLES, MAGNUM JOVIS INCREMENTUM !
ADSPICE CONVEXO NUTANTEM PONDERE MUNDUM (DUM ;
ET TERRAS, TRACTUS QUE MARIS, CŒLUMQUE PROFONDADSPICE VENTURO LÆTENTUR UT OMNIA SOECLO.

Ces prédictions que Virgile emprunte à la Sibylle de Cumes ne peuvent s'appliquer qu'au Messie, bien que le poète les adresse peut-être à Marcellus. Il les avait puisées dans le recueil des vers sibyllins que l'on gardait à Rome, dans la base de la statue d'Apollon Palatin, et que l'on ne doit pas confondre avec la collection des oracles sibyllins cités par les Pères du 2e siècle, ni avec celle qui fut achevée sous le règne de Marc-Aurèle, vers l'an 175.

(2) Voyage de Tavernier, t. IV, c. 1, p. 483.
(3) Abulfarage, in Hist. Dyn. p. 83 apud Hyde, rel. vet. Persarum.
(4) Lactance, lib. II, de Origine erroris.

la venue d'un conquérant de l'Orient (1). — Les anciens Chinois attendaient *Kiun-tse* (le saint) qui devait effacer les crimes des hommes (2). Pour les Perses, c'était *Mythras* qui devait réconcilier le ciel à la terre (3); pour l'Egypte, c'était *Orus;* pour la Chaldée, c'était *Dhouvanai* (le sauveur des hommes) (4). L'attente d'un personnage merveilleux existe encore chez plusieurs peuples : il s'appelle *Cambadoxi*, au Japon; *Phélo*, en Chine; *Cjam-be*, au Thibet, et *Pra-narotte* au royaume de Siam (5).

Les Prophéties particulières qui concernent le Messie semblent n'avoir pas été inconnues des payens. Nous nous bornerons maintenant à dire que les *Pouranas* font naître le futur Rédempteur dans la *chaumière* d'un berger (6), et que « quand Platon peint son juste » imaginaire, couvert de tout l'opprobre du crime et » digne de tous les prix de la vertu, il peint trait pour » trait J.-C. La ressemblance est si frappante que tous » les Pères l'ont sentie et qu'il n'est pas possible de s'y » tromper. » Ce sont les propres paroles de J.-J. Rousseau que nous venons de citer : aucun témoignage ne peut-être moins suspect (7).

§ 10.

Longévité des premiers hommes.

Avant le déluge universel, la vie n'était point resserrée dans d'étroites limites.

Adam	vécut	930 ans.
Seth	—	912 —
Enos	—	905 —
Cainam	—	919 —
Malaleel	—	895 —
Jared	—	962 —
Enoch	—	965 —

La révolution physique opérée par le déluge, la corruption des mœurs et la sensualité abrégèrent la longueur de la vie (1). Toutes les chroniques de l'antiquité s'accordent avec la Genèse, en donnant à la vie des premiers hommes une durée fort prolongée. « Pendant le premier âge, dit Manou, les hommes, exempts de maladies, obtenaient l'accomplissement de leurs désirs et vivaient 400 ans. Dans le *Tetra yonga* et les âges suivants, leur existence perd par degrés un quart de sa durée (2). » Ce *premier âge* correspond à l'époque qui suit immédiatement le déluge, puisque la moyenne de la vie des six premiers Patriarches post-diluviens est de 385 ans.

Les dix premiers règnes de la monarchie babylonienne occupent 1200 ans. — Les annales de la Chine font régner, pendant un espace de 730 ans, leurs huit premiers monarques (3). — Les premiers temps de la monarchie perse sont remplis par des règnes de 600, de 700 et même de 1000 ans, célèbres par les combats des rois contre les Gines et les Dives (4). — L'historien des Tartares, Aboul-Ghazi-Béhader, fait régner six princes pendant 1000 ans (5). Les Japonais pensaient que leurs Dieux avaient commencé par être des hommes et qu'ils avaient vécu plusieurs milliers d'années sur la terre (6).

C'est probablement le souvenir de cette longévité des temps primitifs qui a fait exagérer par les anciens l'âge où seraient parvenu certains personnages et certains peuples de l'antiquité.

Epiménide	vécut	157 ans selon	Théopompe (7).
Tuisco, 1er roi des Germains	—	173 —	Tacite.
Eginius	—	200 —	Pline (8).
Tannak, 2e roi des Tartares	—	240 —	Aboul-Ghazi.
Arganthonius	—	300 —	Silius Italicus.

---

(1) Coleccion de piezas selectas de varias obras espanolas, p. 12.
(2) Ramsay, discours sur la mythologie, p. 150.
(3) *Boun-dehesh*, card. 12.
(4) D'Herbelot, bibliothèque orientale, t. III, p. 197.
(5) Brunet, parallèle des religions, t. II, p. 157.
(6) Observations du capitaine Wilfort.
(7) J.-J. Rousseau, Emile, livre IV. — Voyez aussi le Christ devant le siècle, par M. Roselly de Lorgues.

(1) Plus les élémens qui constituent la nature ont de douceur, moins ils attaquent le corps, et moins sont nombreuses par conséquent les causes de maladie : or, que tout le sytème de la nature, avant la grande pertubation occasionnée par le déluge, ait été plus doux et moins délétère, c'est ce que sentira facilement quiconque voudra faire attention aux changemens qu'ont dû y introduire et cette immense quantité d'eau et les causes qui la produisaient. (Hermann Janssens, herméneutique sacrée, trad. de Pacaud, t. 1er, p. 302).
(2) *Manava-dharma-tastra*, 1, 81.
(3) L'abbé Para, Tableau historique et philosophique de la religion.
(4) M. Klaproth, Tableau historique de l'Asie depuis Cyrus jusqu'à nos jours.
(5) Georgi, Alphabetum thibetanum.
(6) B. Varenius, Descriptio Japonis, Cambridge 1765.
(7) Valère Maxime, l. 8, c. 14.
(8) Pline, l. 7 c. 48.

Nestor	vécut	300 ans	selon Homère.
Daddon, roi d'Illyrie	—	500	— Valère Maxime.
La Sibylle de Cumes	—	700	— Ovide.
Un roi du Latium	—	800	— Xénophon.
La Sibylle d'Erythrée	—	1000	— Phlégon (1).
Les Pandores	vivaient	200	— Ctésias.
Les Sères du Cathaï	—	300	— Lucien.
Certains peuples de l'Inde	—	400	— Solin.

Juvénal parle d'un prince nommé Pilius qui, pendant plusieurs siècles, fut oublié par la mort :

Heu nimium felix qui per tot sæcula mortem distulit.

Martial nous dit que Lesbie vécut plusieurs siècles :

Namque ut tua sæcula narrant
Picta promethæo diceris esse luto (2).

Hésiode assure que dans un temps fort reculé, l'homme était 100 ans à grandir, ce qui suppose pour le moins une vie de 300 ans (3). Plusieurs historiens primitifs, dont nous ne possédons que des fragmens incomplets, prolongent bien d'avantage la vie des premiers hommes. C'est un fait qui nous est attesté par Flavius Josèphe : « il est constant, nous dit-il, par les témoignages de Bérose, Manéthon, Mochus, Jérôme l'égyptien, Hécatée, Hellanicus, Acusilaüs, Ephore et Nicolas de Damas que les anciens vivaient mille ans (4). »

§ 11.

Géants.

Le sixième chapitre de la Genèse nous révèle l'existence des Géants, dont il est encore parlé dans le livre des Nombres (5). C'est un fait duquel les mythologues n'ont point manqué de s'emparer, en lui donnant des proportions exagérées. Apollodore nous représente les Titans, enfans de la terre, comme des Géants d'une force invincible qui tentèrent d'escalader les cieux. Trois d'entr'eux avaient chacun 50 têtes et 100 bras (1). — Sanchoniaton dit que les petits-fils d'Eon furent d'une taille démesurée et qu'ils donnèrent leur nom aux montagnes qu'ils possédaient. — Les *Pouranas* parlent de plusieurs audacieux Géants qui, après avoir subjugué toute la terre, voulurent s'emparer du royaume des cieux; le plus redoutable d'entreux était *Bali*, que *Wischnou* fit repentir de son orgueil, en le précipitant dans les Enfers (2). — Les Indiens divisent en cinq tribus les Géants qui, depuis leur mort, parcourent le monde, pour ramasser les prières qu'on oublie d'adresser aux dieux. Quand leur collecte est suffisante, ils deviennent des âmes qui se logent dans des corps humains (3). — Les Rabbins, habitués à outrer le merveilleux, prétendent que Og, roi de Basan, parvint à la taille de six vingt coudées, en sorte que les eaux du déluge atteignirent à peine ses genoux (4). — La plupart des peuples d'Amérique parlent d'une race de Géants qui, à une époque fort reculée, désolèrent le monde par leurs ravages. — Les Péruviens racontent que leurs ancêtres se retirèrent sur une haute montagne, à l'époque du déluge, et que, quand ils en descendirent, ils rencontrèrent des Géants, dont ils ne purent éviter la fureur, qu'en se réfugiant dans des cavernes. Ils ne purent en sortir que plusieurs années après, alors que ces Géants furent foudroyés par un Génie céleste (5). — Les Malabares prétendent que les premiers hommes avaient 400 coudées et que leur taille diminua graduellement. (6).

Les historiens de l'antiquité citent différents personnages dont la taille était tout-à-fait démesurée. A les en croire, Gabbaris (règne de Claude), avait 10 pieds; Pusio (règne d'Auguste), 15 pieds; Teutobochus, roi des Teutons, 20 pieds (7). Metellus, au rapport de Solin, vit un cadavre de 33 coudées; Pline

---

(1) Phlégon, des choses merveilleuses, ch. 17.
(2) Nous aurions pu citer un grand nombre de personnages que les historiens anciens font vivre de 150 à 200 ans. Mais il peut se faire que quelques-unes de ces assertions soient exactes, puisque les temps modernes nous offrent plusieurs de ces cas de longévité extraordinaire. Nous citerons les suivants relatés dans le dict. pittoresque d'histoire naturelle publié par M. Guérin : Jean Causeur de Brest vécut 110 ans. — L'anglais Henri Jenkins, 169 ans. — Un Hongrois, Pierre Czartan prolongea sa carrière jusqu'à 185 ans. — De ses compatriotes, Jean Rovin, mourut à 172 ans; il avait une femme de 164 ans et un fils de 117 ans. — Voyez l'histoire de ceux qui ont vécu plus de cent ans, par de Longueville Harcouet. 1715. 1-12, et l'article *Macrobies* dans le dict. hist. de Moréri.
(3) Hésiode, Opera et Dies, v. 128.
(4) Josèphe, Antiquitates judaicæ, l. 1. c. 3.
(5) Genèse VI, 4. — Nombres, XIII, 23.

(1) V. aussi la 2e partie de la théogonie d'Hésiode, v. 140.
(2) M. de Marlès, hist. générale de l'Inde, t. II, p. 60.
(3) M. de Jancigny, hist. de l'Inde.
(4) Hist. universelle, t. IV, p. 64.
(5) Torquemada, l. 1, ch. 13.
(6) Journal encyclop. juill. 1783, p. 266.
(7) Habicot, gigantologie.

raconte qu'un tremblement de terre fit découvrir dans l'île de Crète, un squelette de 46 coudées (1). Le Polyphème d'Homère, le Cacus de Virgile ne sont que des Pygmées, au prix d'Antès qui, selon Plutarque, avait 90 pieds. (2.)

Nous croyons qu'on peut appliquer à tous les peuples ce que Philon de Biblos dit des Grecs : « ils ont altéré et exagéré toutes les histoires anciennes, n'ayant cherché qu'à divertir par leurs récits, et dès lors ils ont dénaturé ces mêmes histoires. C'est de là qu'ils ont forgé des théogonies, des *gigantomachies*, des *titanomachies* et tant d'autres inventions sous lesquelles ils ont étouffé la vérité (3). »

§ 12.
Noé.

Il existe des rapports tellement frappants entre le Saturne des Grecs, le Ménès des Egyptiens, le Janus des Latins, le Fo-hi des Chinois et le Noé de la Bible, que plusieurs critiques en ont inféré que ces divers personnages n'en faisaient réellement qu'un seul, et que leur vie avait été calquée plus ou moins fidèlement sur celle de Noé.

Rapports de Saturne avec Noé. 1. Saturne signifie *reposé*. — Noé signifie *repos*. (*Nuè*.)

2. Noé, « s'appliquant à l'agriculture, commença à labourer et à cultiver la terre. » (4) — Saturne fut surnommé par les Romains *Stercutius* (qui sait fumer la terre.) (5)

3. Noé planta la vigne. — Virgile appelle Saturne *Viti Sator* (6).

4. Noé s'enivra. — Les fêtes de Saturne se célébraient par l'ivresse et la licence.

---

(1) Pline, hist. nat. l. VII, c. 16.
(2) Plutarque, vie de Sertorius.
(3) Dans le fragment de Sanchoniaton. — De véritables géants ont réellement existé ; mais leur taille n'a jamais dépassé plus de 8 à 10 pieds, d'après les recherches des naturalistes les plus estimés — Il y a encore actuellement une race particulière chez les Patagons qui se distingue par une excessive grandeur. C'est un fait que ne permettent guères de contester les témoignages de Magellan, Candish, de Noort, Wallis, Carteret, Byron, Cook, etc. — Voyez, sur la question des Géants, les Gigantologies de Joseph Tarrubia, J. Riolan, Habicot et de Hans Sloane. — V. aussi le tome IIIe des mém. de l'Académie des belles lettres, et l'article *Géant* du Cher Jaucourt, dans l'encyclopédie méthodique.
(4) Genèse, IX, 20.
(5) Macrobe, 1 des Saturn. ch. 7.
(6) Œneid. l. VII.

---

5. Saturne aborde en Italie, sur un vaisseau, après une grande inondation, et ce souvenir est perpétué par la proue, qu'on voit sur le revers des médailles de Janus (1). — L'arche de Noé s'arrête sur le mont Ararat.

Rapports de Ménès avec Noé, et de Thèbes avec l'arche. Guérin du Rocher constate les suivans :

1. Ménès et Noé signifient également *repos*.

2. Ménès fut le premier homme qui régna. — Noé fut le premier souverain, après le déluge.

3. Toute l'Egypte fut inondée du temps de Ménès. — Déluge de Noé.

4. Le seul canton de Thèbes surnage (2). L'arche (en Hébreu, *Thébah*) surnage seule.

5. Toute l'Egypte était comprise sous le nom de Thèbes. — Tout était compris dans la *Thébah* (arche) de Noé.

6. Les Thébains se disent les plus anciens des hommes. — Les habitans de l'arche ou *Thébah* sont les plus anciens du monde post-diluvien.

7. Un navire de près de 300 coudées est construit à Thèbes. — La *Thébah* est longue de 300 coudées (3).

8. Des colombes s'envolent de Thèbes. — Noé fait envoler plusieurs colombes de la *Thébah*.

9. Les Thébains se vantent d'avoir été les premiers à compter l'année de 12 mois. — L'année est ainsi divisée, dans l'Ecriture, à l'occasion de l'arche.

10. Ménès apprend aux peuples à faire des sacrifices. — Holocauste de Noé.

11. Ménès est regardé comme le premier législateur. — Il en est de même de Noé.

12. Ménès introduit le luxe de la table. — Noé mange de la chair des animaux et invente l'art de faire du vin.

13. Les Thébains se vantent d'avoir été les premiers à connaître la vigne. — Noé est le premier qui la cultive.

Rapports de Fo-hi avec Noé. 1. Fo-hi (Foë) n'eut point de père. — La mémoire des ancêtres de Noé s'engloutit dans les eaux du déluge.

2. Fo-hi fut conçu par sa mère, alors qu'elle était entourée d'un arc-en-ciel. — C'est un souvenir confus

---

(1) Aurelius-Victor.
(2) Histoire véritable des temps fabuleux. — Guérin du Rocher prouve que Thèbes n'a jamais existé.
(3) D. Calmet, Comment. sur la Genèse.

de l'arc-en-ciel, que Dieu prit pour témoin de sa promesse.

3. Moyse conserva dans l'arche 7 animaux de chaque espèce. — Fo-hi éleva avec un grand soin des animaux de 7 espèces différentes.

4. Fo-hi offrait un sacrifice de ces animaux au souverain Esprit. — Noé fit au Seigneur un holocauste de tous les animaux purs.

5. Noé et Fo-hi mettent les premiers en honneur l'art de cultiver la terre.

6. Les Chinois se permettent l'usage des liqueurs fortes; mais ils s'abstiennent de vin, bien que leurs vignes produisent d'excellent raisin. Cette interdiction dont l'origine n'est pas connue, ne proviendrait-elle pas de l'aversion conçue par les descendans de Noé pour une liqueur qui avait causé l'ivresse de leur père?

7. Les vaisseaux actuels des Chinois, plats à la proue et à la poupe, divisés en trois étages et six fois plus longs que larges, conservent la forme et les dimensions de l'arche de Noé. (1).

On pourrait facilement expliquer la conformité de ces rapports, en disant, avec le docteur Shuckford, que l'arche s'arrêta sur le mont Ararat des Indes, et que, de là, Noé visita la Chine. En admettant cette hypothèse, on comprendrait aussi la conformité des connaissances astronomiques et astrologiques des Chaldéens avec celles des Chinois, et les causes de l'antiquité de leur civilisation et de la sublime morale de leur culte primitif (2).

Le P. Kircher croit qu'OEnotrus qui régna dans le Latium sous le nom de Janus est le même personnage que Noé (3). Macrobe surnomme Janus, *Consivius* (propagateur) et *Clusivius* (enfermé); ces deux épithètes conviennent parfaitement à Noé.

Le nom de Noé s'est conservé chez les Chaldéens, les Phrygiens, les Persans et les Arabes. Bérose nous dit que Noé enseigna l'astronomie aux Arméniens qui, par reconnaissance, l'appelèrent *Arsa* (soleil), lui dédièrent des villes et l'adorèrent sous le nom de *Jupiter Sagus*. Ils conservèrent avec vénération les premiers ceps de vigne que planta Noé qui, après avoir régné quelque temps dans leur pays, l'aurait abandonné, pour une cause inconnue (1). — La ville de *Kibotos* (en Phrygie) frappa, en l'honneur de Septime Sévère, Pertinax et Philippe l'Arabe, des médailles qui représentaient un corbeau, une colombe et une arche, où se trouvait le nom de NΩE (Noé) (2). — Ce nom fut également connu des Arabes, puisqu'un de leurs anciens proverbes comparait au *corbeau de Noé* les gens qui se font attendre (3). — Les Persans nomment encore *col de Noé* (Koûh-Noùhh) la montagne d'Arménie, où l'arche s'arrêta (4). — Les Thibétains prétendent qu'elle s'est arrêtée sur la montagne, où est bâtie la ville de *Lah'sa* et dont le nom signifie *porte-vaisseau* 5). — Enfin, les Hottentots disent que le premier homme qui entra dans leur pays s'appelait *Noh*, et qu'il enseigna l'agriculture à ses descendans (6).

§ 13.

Déluge.

Tous les peuples s'accordent à reconnaître l'existence d'un déluge, qu'ils placent à une époque fort reculée, et dont les principaux faits sont évidemment empruntés à la Bible. Nous citerons, d'abord, comme une des plus complètes, la tradition chaldéenne de Bérose. « Cronos, étant apparu en songe à Xixutrus, l'avertit que, le quinzième du mois *Dæsus*, le genre humain serait détruit par un déluge, et lui ordonna de mettre par écrit l'origine, l'histoire et la fin de toutes choses, et de cacher sous terre ses mémoires, dans la ville du soleil, nommée *Sippira*; de construire ensuite un vaisseau, d'y mettre les provisions nécessaires, et d'y entrer, lui, ses parents et ses amis, et d'enfermer les oiseaux et les animaux à quatre pieds. Xixutrus exécuta ponctuellement ces ordres, et fit un navire qui avait deux stades de largeur et cinq de longueur; il n'y fut pas plutôt entré que la terre fut inondée. Quelque temps après, voyant les eaux diminuées, il lâcha quelques oiseaux qui, ne trou-

---

(1) V. sur Fo-hi : le P. Lecomte, Mém. of. China, p. 313. — Biblioth. univers. litter. mars 1816. — Question générale, où l'on examine si Fo-hi est le même que Noé, par un auteur Sequanais. Paris, chez d'Houry, 1776. — Hist. univ. t. 54., p. 89. — Martini, Sinicæ historiæ decas. — Le P. du Halde — Le Père de Mailla, Traduction des Annales de la Chine, publiée en 1777, par l'abbé Grosier.

(2) Shuckford, Hist. sacr. et prof., t. 1, p. 100.

(3) Kircher, in Latio antiq. et novo. Il dérive Janus de l'Hébreu *Jaïn* (Vin).

---

(1) Berose, l. III.
(2) Le P. Kircher, de Arcâ Noe, p. 133.
(3) Grammaire d'Erpinius, p. 11.
(4) Le Cher Chardin, Voyage en Perse, t. II
(5) Archives de la religion catholique, 1834, n° 20.
(6) Kolbe, Description du Cap de Bonne-Espérance. — Le P. Tachard, Voyage de Siam.

vant ni nourriture, ni lieu pour se reposer, retournèrent au vaisseau. Quelques jours après, il en lâcha d'autres qui revinrent avec un peu de boue aux pattes. La troisième fois qu'il les laissa envoler, ils ne reparurent plus, ce qui lui fit juger que la terre commençait à être suffisamment découverte. Il fit alors une ouverture au vaisseau, et, voyant qu'il s'était arrêté sur une montagne, il sortit avec sa femme, sa fille et le pilote ; et, ayant adoré la terre, ils élevèrent un autel et sacrifièrent aux Dieux. » (1) Cette conformité de la tradition chaldéenne avec le récit de Moyse n'a rien qui doive nous étonner. Bérose vivait 340 ans environ, après que Nabuchodonosor eut exilé les Juifs à Babylone. Bien que Cyrus leur eût permis de retourner dans leur patrie, plusieurs d'entr'eux étaient restés en Chaldée, où ils professaient librement leur religion. Leurs livres sacrés durent être consultés par Bérose. Peut-être même, dit Fréret, la ressemblance entre les traditions chaldéennes et les traditions mosaïques vient-elle de ce que ces dernières étaient celles qu'Abraham, originaire de Chaldée, avait transmises à ses descendants, et dont les prêtres de Babylone avaient conservé le fonds, qui était encore reconnaissable, malgré les fables poétiques et philosophiques qu'ils y avaient mêlées. (2)

Les philosophes d'Egypte, interrogés par Solon sur l'histoire de leur pays, répondirent qu'un déluge envoyé du ciel avait changé la face de la terre et avait anéanti les monuments historiques, qui auraient perpétué la mémoire des premiers temps du monde. (3) — D'après les Perses, « la lumière de Taschter brilla dans l'eau pendant 30 jours et 30 nuits... La terre fut couverte d'eau, à la hauteur d'un homme... et ensuite toute cette eau fut renfermée. » (4)

Les Grecs comptent deux déluges particuliers, celui d'Ogigès et celui de Deucalion, séparés par 400 ans d'intervalle. Il est probable qu'ils n'ont existé ni l'un ni l'autre, et que les Péloponésiens ont attribué à Phoronée et les autres Grecs, à Deucalion, ce qu'ils avaient retenu de la tradition de Noé. De même que dans la Genèse, le déluge des Pélasges a pour but de punir la corruption des hommes ; une seule famille échappe par

(1) Fragments de Bérose rapportés, d'après Alex. Polihistor, par Georges Le Syncelle.
(2) Mém. de l'Académie des inscriptions, t. XXX.
(3) Platon, in timæo.
(4) Boun-Dehesch, Zend-Avesta, IIe p.

ses vertus à l'arrêt de proscription, et bâtit elle-même une arche libératrice, qui s'arrête sur une montagne, après l'abaissement des eaux. Lucien décrit en ces termes le déluge de Deucalion : « Les premiers hommes étaient corrompus et commettaient tous les crimes ; ils furent punis par une épouvantable calamité. Une immense quantité d'eau sortit des entrailles de la terre et tomba des cieux ; les fleuves se débordèrent ; la mer s'éleva jusqu'à ce que toute la terre fut ensevelie sous l'onde. Seul d'entre tous les mortels, Deucalion fut sauvé, en récompense de sa piété, pour reproduire une génération nouvelle. Il monta avec sa femme et ses enfants dans une grande arche, où le suivirent tous les animaux de la terre, par couple de chaque espèce. » (1)

Plutarque ajoute qu'une colombe fut lâchée du navire de Deucalion; que son retour marquait la continuation de la tempête, et que sa disparition prouva que le ciel était redevenu serein. (2) Le P. Thomassin croit retrouver l'arche de Noé dans le vaisseau des Argonautes, construit par l'ordre de la Sagesse (Minerve), et auquel une colombe devait indiquer la route. (3)

Les annales de la Chine parlent de la révolte de *Koung-Koung* qui frappa le roi *Tchouan-Chio* avec une telle violence, que les colonnes du ciel furent ébranlées. Le ciel, en tombant sur la terre, produisit un immense déluge. Ce cataclysme arriva l'an 3,082 avant J.-C. Les Indiens fixent le leur à une époque qui correspond à l'an 3,101 avant J.-C. On voit que ces chronologies s'accordent assez bien avec le déluge de Noé, qui eut lieu 3,044 ans avant l'ère moderne. (4)

Les Péruviens disent qu'un déluge fit périr tous les habitants de leur pays, à l'exception d'un petit nombre, qui se cacha dans les cavernes des plus hautes montagnes. Ils surent que les eaux s'étaient abaissées, quand ils virent revenir, souillés de fange, deux chiens qu'ils

(1) Lucien, Dea Syria.
(2) Plutarque, de solertiâ animorum Abydenne et Justin mentionnent également ce fait. — On célébrait, encore du temps de Sylla, dans l'Attique, une fête en l'honneur de Jupiter Phrygien, qui avait sauvé la vie à Deucalion.
(3) Apollodore, l. 1, ch. 14.
(4) M. Jules Klaproth. Asia polyglotta. « Après le déluge, dit le *Chou-King*, on joignit la chair des animaux à celle des poissons. » V la Genèse, ch. IX, v. 3. — La lettre qui signifie *vaisseau*, chez les Chinois, est représentée par un navire, une bouche et le chiffre 8, qui désigne le nombre des habitants de l'arche. Les Mexicains et les Indbous ne comptent que sept personnes sauvées du déluge : c'est le nombre des parents que Noé recueillit dans l'arche.

avaient fait sortir de leur retraite. (1) — Quand les eaux du déluge innondèrent le Mexique, le prêtre *Tezpi* se refugia dans une arche avec toute sa famille et un grand nombre d'animaux. Il lâcha successivement plusieurs oiseaux qui ne revinrent pas; enfin, un colibri reparut, en portant une petite branche d'arbre, et annonça ainsi la fin du déluge. (2) — Les insulaires de Cuba parlent également d'une arche, qui servit de retraite pendant le déluge à toute une famille ; elle n'en sortit que lorsqu'une colombe rapporta dans son bec un rameau de verdure. (3). — « Une voix avait annoncé le déluge, disent les Tartares. Quelques hommes se renfermèrent avec des provisions ; la tempête éclata, comme il avait été prédit... Les eaux, tombant sans cesse du ciel, entraînèrent toutes les immondices dans l'océan et purifièrent la demeure des humains. » (4) — Les Malabares croient que le monde a déjà été enseveli trois fois sous les eaux du déluge, et qu'il le sera encore une quatrième fois. (5)

La tradition indienne du déluge est consignée dans le *Pourana* intitulé *Matsia* (le poisson). « Tandis que Brahma était livré au sommeil, un géant de la race des démons nommé *Hayagriva*, s'approcha de lui et lui déroba les *Védas* qui sortaient de sa bouche. (6) *Héri*, le conservateur de l'univers, s'en aperçut et prit la forme d'un petit poisson nommé *Sap-Hari*. (7) Il y avait alors, à Dravira, un saint Roi nommé *Satyaurata*, livré aux plus rigoureuses austérités et adorateur très zélé de l'Esprit qui anime les eaux. (8) Le poisson Sap-Hari, qui était devenu tellement énorme qu'il remplissait du volume de son corps un lac de 100 lieues de circonférence, dit au Roi : dans sept jours, (9) les trois mondes périront submergés par l'océan ; tous les hommes qui m'ont offensé périront ; mais du milieu des ondes dévorantes, sortira un vaisseau que je conduirai moi-même, et qui s'arrêtera devant toi. Tu y mettras de toutes les plantes, de toutes les graines; tu y feras entrer une couple de tous les animaux ; tu y entreras ensuite toi-même, accompagné des sept *Richis*. (1 A ces mots Héri disparut ; *Satyaurata* obéit et attendit avec soumission le temps fixé. (2) Tandis qu'il méditait sur la grandeur de Dieu, l'océan, franchissant ses limites, inonda la terre, et la pluie tomba par torrents... » *Satyaurata* s'embarqua, avec les sept *Richis*, sur le vaisseau qu'il avait construit et aborda, après un grand nombre d'années, sur le mont *Himavah*. (3) Malgré le voile épais de cette fable, il est facile de reconnaître Noé dans *Satyaurata* ; le mont Ararat dans l'*Himavah*, et les sept parents de Noé dans les sept Richis. (4)

La vérité historique du déluge est également admise par les Ombriens (5), les Syriens, les Arméniens, les Madécasses, les Brésiliens, les Chipiouyans (6), les Iroquois, les naturels de St-Domingue, etc., en sorte qu'on peut appliquer à toutes les nations ce que Fl. Josephe dit des anciens peuples barbares : « Tous ceux qui ont écrit leur histoire ont fait mention du déluge et de l'arche. » (7)

§ 14.

Postérité de Noé.

Bochart, Banier, Prideaux, Tressan, le Président de Brosses et M. Th. Perrin disent avec raison que l'antiquité païenne a modelé plusieurs de ses Dieux, d'après le souvenir confus qu'elle avait de la postérité de Noé. Nous allons indiquer quelques-uns de ces rapports, en négligeant ceux qui exigeraient de trop grands développemens pour être présentés dans tout leur jour.

---

(1) Lopez de Gomara, Hist. gén. des Indes, l. 5, ch. 14.
(2) M. de Humbold, Vues des Cordillières, t. II, p. 177.
(3) Herrera, Histoire des Indes, l. 9, ch. 4.
(4) Trad. du Kalmouck, par le Protocope de Stavropol. — Maltebrun, Précis de Géographie, l. 60.
(5) Journal encyclopédique, juillet 1783, p. 266
(6) « La disparition des Védas, dévorés par un géant, appartenant à la race des Géants, représente l'oubli de la loi naturelle et la corruption profonde dans laquelle le genre humain était tombé. » Concordance de l'écriture sainte avec les traditions de l'Inde, par M. Ad. Kastner. Genève, 1840.
(7) Héri est un des surnoms de Vischnou.
(8) On l'appelait encore Nârâda (don de l'Esprit divin).
(9) « Car encore sept jours et je ferai pleuvoir sur la terre » Gen. VII, 4.

---

(1) « Dieu n'a sauvé que sept personnes avec Noé, prédicateur de justice. » Saint-Paul, Epitre II, ch. II, v. 5.
(2) « Noé fit tout ce que le Seigneur lui avait ordonné. » Genèse, VII, 5.
(3) *Manava-Dharma-Sastra*, p. 14.—Recherches asiatiques. t. II, p. 171.
(4) *Richis* vient de l'Hébreu et signifie *ancêtres*.
(5) Pline, l. III, c. 4.
(6) Voyage d'Alex. Makensie.
(7) Antiq. Jud. l. I, c. 5. — V. sur le déluge, le P. Kircher, de arcâ Noé. — Cuvier, Discours sur les révolutions du Globe. — M. Roselly de Lorgues, le Christ devant le siècle. — M. Jules Klaproth, Asia polyglotta, etc.

Rapports de Jupiter Ammon avec Cham. 1. Cham et *Jupiter* signifient *chaleur*. (1)

2. Cham donne son nom à l'Egypte (terre de Cham, terre de Hamon). — Jupiter est adoré en Afrique sous le nom de Jov-Ammon. (2)

3. On donnait au plus ancien des Jupiters le surnom d'Egyptien. — Cham fut le père des Egyptiens. (3)

4. Cham est le dernier des enfans de Noé. — Jupiter est plus jeune que ses deux autres frères. (4)

5. Jupiter se partage l'empire du monde avec ses deux frères. — Il en est de même de Cham.

6. Jupiter habite les cieux dont il est roi. — Cham habite la partie de la terre que les Anciens regardaient comme la plus rapprochée du ciel. (5)

Rapports de Neptune avec Japhet. 1. Le mot *Japhet*, en Hébreu, signifie *étendu, dilaté*. — Le mot *Posidon*, surnom de Neptune, a la même signification en Phénicien. (6)

2. Japhet eut en partage l'Europe, les îles et les côtes de la mer. (7) — Neptune fut un prince dont le royaume s'étendait sur le bord de la mer, et c'est pour cela qu'on en fit le Dieu de l'océan. (8)

Rapports de Pluton avec Sem. 1. *Sem* signifie en Hébreu *destruction, désolation*. — Les Phéniciens nommaient Pluton *Axiokersos* et *Multh* (destruction).

2. La prédilection de Dieu pour la race de Sem excita la jalousie des enfans de Chanaan qui surnommèrent Sem, *Adès* (9). — *Adès* est le nom que les Grecs donnaient à Pluton. (10)

3. L'Asie, habitée par Sem, était considérée par les autres pays comme un séjour infernal, « où l'air et la terre, dit Tacite, sont infectés par les exhalaisons mortelles d'un lac fétide. » (1) Le culte du feu y devint presque général. — Pluton est roi des enfers. (2)

Le Japhet des Hébreux et le Japet des Grecs sont un même personnage. Les Grecs croyaient qu'il avait vécu à une époque on ne saurait plus reculée, puisque leur proverbe, *Japæto vetustior* (plus vieux que Japet), était une comparaison hyperbolique, qui s'appliquait aux choses, dont l'antique origine se perdait dans la nuit des temps. Ils concevaient la plus haute idée de sa supériorité ; et cela n'est pas étonnant, car il a fallu que Japhet soit bien différent des autres hommes, pour avoir mérité d'échapper au fléau du déluge. (3) — Bochart reconnaît Sem dans le Typhon des Egyptiens qu'ils appelaient *Smi* et *Seth*. (4) — On pourrait peut-être encore retrouver les noms de Japhet, Sem et Cham dans ceux du Japon (*Japan*) et de deux anciennes divinités de ce pays, *Sin* et *Cami*. (5)

Les Tartares se disent descendans de Turc, fils aîné de Japhet, qui aurait fixé sa demeure à Ysacbkboll. Son fils Tannack vécut 240 ans et fit bénir son souvenir par la découverte qu'il fit de l'usage du sel. (6) — Les Marabouts d'Afrique donnent à Noé trois fils dont ils racontent ainsi l'histoire : le premier était blanc, le second basané, le troisième noir. L'héritage qu'ils reçurent de Noé consistait en or, en argent, en pierreries, en bestiaux, en meubles, etc. ; ils passèrent une journée à trier ces divers objets, pour en faire un partage égal ; mais, le soir les ayant surpris, avant que l'opération ne fut terminée, ils en remirent la continuation au lendemain et allèrent se coucher, chacun dans leur tente. Le frère blanc se leva quelque temps après, et, s'étant emparé de l'or et des objets les plus précieux, s'enfuit vers l'Europe. Le basané s'étant levé quelques heures après, alla, s'emparer des bœufs, des chameaux, etc., et s'enfuit vers l'Asie. Quand le noir se réveilla, il ne lui restait plus de l'héritage de son père que des objets de fort mince valeur. Cette trahison lui inspira pour les blancs et pour

---

(1) Cham vient de l'hébreu *Ham* (chaleur). — Zeus, du grec ΖΕΩ (Bruler).
(2) Hérodote, in Euterp. — Quinte-Curce, l. IV, c. 7.
(3) Pluche, Histoire du ciel.
(4) Callimaque, Hymne à Jupiter.
(5) Proxima cœlo est, dit Lucain, en parlant de la Lybie.
(6) *Posidam*. Bochart, Géographie sacrée, l. I, p. 9
(7) Ab his divisæ sunt insulæ Gentium in regionibus suis. Gen. X, 5.
(8) Jupiter imperium Neptuno dat maris, ut insulis omnibus et quæ secundùm mare loca sunt, omnibus regnaret. (Témoignage d'Evhémère, traduit du grec par Ennius et rapporté par Lactance, de falsâ relig. l. I, c. II.)
(9) Banier, Explication des fables, t. I, p. 257.
(10) Ἀδις, αειδες, triste, nébuleux.

---

(1) Halitu lacûs infici terram corrumpi et aerem. Tacite, Hist. l. 5.
(2) M. Th. Perrin, Origine des Dieux, t. Ier.
(3) Mém. de l'Académie des inscriptions, t. XXV et XLII.
(4) Strabon, l. 16.
(5) Bibliothèque universelle, 1816, p. 424.
(6) Genealogical history of the Tatars, p. 8.

les mulâtres une profonde aversion qu'il légua à sa postérité. (1)

Rapports de Bélus avec Nemrod. 1. Moyse place Nemrod au temps de Phaleg. — C'est à la même époque que Conon l'assyrien fait vivre Nemrod.

2. Tous deux doivent leur naissance à Chus.

3. Nemrod fut le premier roi de Babylone. — Bélus est regardé comme le fondateur de cette ville.

4. Nemrod bâtit la tour de Babel. (2) — Bélus construit la tour de Babylone. (3)

5. Nemrod fait bâtir la tour de Babel par des Chaldéens adonnés à l'astronomie. — Bélus est considéré comme l'inventeur des sciences astrologiques. (4)

Les traditions orientales rapportent que Nemrod *(Nembrod)* voulut escalader les cieux, à l'aide de la tour de Babel ; mais après trois ans de travaux, ce prince s'aperçut qu'il était encore loin d'arriver à sa fin. Cette première tour s'écroula ; on en bâtit une autre avec des briques de treize coudées de long, cimentées avec un bitume qui coulait de la fontaine d'Hîs. Au bout de 40 ans de travaux, cette construction eut le même sort que la première. Nemrod essaya alors de voler au ciel sur un char attelé de monstrueux oiseaux nommés *kerkes* ; mais il échoua dans cette ridicule tentative. (5)

L'histoire de Prométhée et d'Epiméthée a beaucoup d'analogie avec celles de Noé et de Magog confondues ensemble. 1. *Prométhée* signifie *prévoyance.* — C'est la prévoyance de Noé qui, après Dieu, sauva le genre humain.

2. Prométhée est fils de Japet. — Magog, fils de Japhet.

3. Dion place un déluge sous Prométhée. — Déluge de Noé.

4. Prométhée forma l'homme. — Noé restaura sa dignité.

5. L'un et l'autre enseignèrent l'agriculture. (6)

6. Prométhée et Magog s'établissent en Syrie.

7. Ils inventent tous deux l'art de forger le fer.

8. Prométhée est attaché au mont Caucase. — Ce mont fait partie des montagnes d'Arménie où l'arche s'arrêta.

9. Un vautour dévore le foie de Prométhée. — *Magog* signifie, en Hébreu, *une âme déchirée.* (1)

Rapports de Chanaan avec Adonis. 1. Cyneras, grand'père d'Adonis, après une trop copieuse libation, s'endormit dans une posture indécente. Ce Cyneras est le Cronos des Phéniciens, le Saturne des Grecs ; or, nous avons déjà dit que Saturne est le même que Noé (2) et Noé, père de Cham, enivré par le jus du raisin, s'endort comme Cyneras d'une manière indécente.

2. La bru de Cyneras, Mor, le regarda dans cet état, ainsi que son fils Adonis, et alla en prévenir son mari, Ammon. — Plusieurs commentateurs de la Genèse, et entr'autres Estius, pensent que la nudité de Noé fut d'abord aperçue par Chanaan et sa mère, qui en avertirent Cham.

3. Cyneras accable de malédictions sa fille et Adonis. — « Que Chanaan soit maudit, s'écrie Noé, et qu'il soit à l'égard de ses frères l'esclave des esclaves ! » (3)

4. Adonis s'adonne à l'agriculture et à la culture de la vigne. (4) — Il en est de même de Chanaan. (5)

Les Afghans disent que Japhet eut trois fils : Karduel, Armen, qui donna son nom à l'Arménie et Afghan, dont ils sont les descendans. (6) — Thomassin reconnaît Javan dans Janus (7) et Bochart croit que Phut a été connu des Grecs sous le nom de Pythius Apollo. (8)

§ 15.

Abraham. — Sara. — Isaac.

Les traditions orientales racontent qu'Abraham naquit du temps de Nemrod. Ce prince avait vu, en songe, une étoile se lever du côté de l'orient, et éclipser par

---

(1) Labat, Relat. d'Afrique, t. II, ch. 14.
(2) Flavius Josephe.
(3) Ammien Marcellin.
(4) Pline.
(5) Le Président de Brosses, Mém. de l'Acad. des inscript. t. XLVIII. — Quùm Saturnum nominant ac Belum, Nebrothen fuisse dico. (Moyse de Chorène, l. 1. c. 6)
(6) Eschille, Prométhée.

(1) Bochart, Phaleg, l. 1er. ch. 2. Leclerc, sur Hésiode.
(2) V. le chapitre 12e.
(3) Genèse, IX, 25.
(4) Diodore et Seldenus.
(5) L'histoire d'Adonis est autrement racontée par Ovide. Nous avons suivi les versions de Lucien, Stephanus et Phronutus, dont Leclerc établit la concordance dans le tome III de la Bibliothèque universelle.
(6) Histoire universelle, t. XLIX, p. 170.
(7) Javan Noemi pronepos, filius Japhet. Certè ab ipso dictus antiquissimos Latinorum Janus (Glossarium universale hebraicum. col. 425.
(8) Phaleg. l. I, c. 2.

sa splendeur l'éclat du soleil. Les Devins, interrogés sur le sens de ce prétendu pronostic, répondirent qu'il venait de naître un enfant qui détruirait l'empire de Nemrod. Le roi de Chaldée, pour conjurer l'orage qui le menaçait, fit mettre à mort tous les enfans nouveau-nés; mais Abraham, que sa mère cacha dans une caverne, échappa à cette cruelle proscription, et devint l'un des plus fervens adorateurs de Dieu et le plus redoutable adversaire de l'idolâtrie. (1) Il alla en Egypte, où il enseigna aux prêtres les lois de l'astronomie, qui lui avaient été révélées par Enoch (2); mais une conspiration le força de quitter Damas, où il s'était établi avec une suite nombreuse, et de se réfugier dans le pays de Chanaan. (3) Abraham fut un personnage trop important pour que les principales circonstances de sa vie ne se conservassent point dans la mémoire des peuples; aussi le Polythéisme s'empara-t-il d'un bon nombre de ces faits, déjà défigurés par la tradition orale, pour les répartir sur plusieurs de ses créations fabuleuses. Nous allons en donner quelques preuves péremptoires, en invoquant tout à la fois le secours de la Philologie et de l'Histoire.

Rapports de Cronos avec Abraham : 1. Cronos est nommé *le Prince des Dieux*. — Les enfans de Heth donnent ce nom à Abraham. (4

2. Cronos était surnommé Israël. (5) — Israël est le nom du peuple dont Abraham est le père.

3. Cronos eut de la Nymphe *Anobret* un fils unique qu'il sacrifia. *Anobret* signifie *ayant conçu par la grâce*. (6) — Sara, femme d'Abraham, conçut par la grâce du Seigneur.

4. Cronos offrit à Uranos son fils Salid. (7) — Sacrifice d'Isaac.

5. Une grande famine affligea le règne de Cronos. (8) — La famine contraint Abraham d'aller en Egypte.

6. Cronos, après s'être circoncis, soumet toute son armée à cet usage. — Circoncision d'Abraham et de son peuple.

(1) Le Président de Brosses, Mém. de l'Acad. des inscript. t. XLVI.
(2) Justin, ex Trog. l. 36.
(3) Nicolas de Damas, apud Josephum, I. 1, c. 8, et Euseb. l. IX, c. 16.
(4) Genèse, XXIII, 6.
(5) Porphyre.
(6) Bochart, Chanaan, l. II, ch. 2.
(7) Sanchoniaton.
(8) Idem.

7. Cronos a pour femme sa propre sœur, Réa. — Abraham fit passer plusieurs fois Sara pour sa sœur. (1)

8. *Sara* signifie *Princesse*. — *Rhea* a la même signification. (2)

9. Les Egyptiens nommaient Rhea, *Iris* (vieille). — Le premier nom de Sara était Iescha (vieille). (3)

Rapports d'Athamas avec Abraham : 1. Le mot Abraham veut dire *père d'une postérité sans fin*. — Le nom d'Athamas dérive du grec ἀθανασία (*immortalité*). (4)

2. Athamas est fils d'Eole, le roi des Vents. — Abraham eut pour père Tharé, dont le nom, en Hébreu, signifie *qui souffle*.

3. Une grande famine s'élève du temps d'Athamas. (5) — Famine du temps d'Abraham. (6)

4. Athamas eut deux femmes en même temps. — Il en est de même d'Abraham.

5. L'une des femmes d'Athamas se nomme Néphélé (*tombée des nues, étrangère*). — Le nom d'Agar signifie également *étrangère*.

6. La seconde femme d'Athamas s'appelle Ino (*puissante*). (8) — *Sara* signifie *puissante, princesse*.

7. Le père de Sara se nomme Arau (*habitant des montagnes*). — Le père d'Ino, Cadmus, s'appelait Hermon, parce qu'il habitait la montagne qui portait ce nom.

8. A la suite d'une querelle qui s'éleva entre Ino et Néphélé, cette dernière est renvoyée par Athamas. — Agar est chassée de la maison d'Abraham.

9. Le nom de Phryxus, fils d'Athamas, signifie *Ris*, comme celui d'Isaac.

10. L'oracle ordonne à Athamas d'immoler Phryxus. L'ordre des Dieux allait être exécuté, quand Phryxus fut sauvé par l'apparition d'un bélier, envoyé par Ju-

(1) Sara, étant la petite fille de Tharé, était nièce d'Abraham, et les Hébreux nommaient *frères et sœurs* les proches parents. Abraham ne commettait donc point un mensonge : il supprimait seulement une vérité, dans une occasion où il ne voyait point d'autre moyen de sauver sa vie. (Mémoires de Trévoux, juin 1710, p. 1055.)
(2) Pezron.
(3) De l'hébreu Yeschi-chab — Fourmont, Réflex. critiques, t. 1, p. 88. — Th. Perrin.
(4) Lavaur, t. 1, p. 168.
(5) Hygin.
(6) Genèse, XII, 10.
(7) Agar était réellement femme légitime d'Abraham, puisque la polygamie était encore autorisée à cette époque. (D. Calmet, Comment. litt. sur la Genèse, p. 581.)
(8) De Ἰς, ἰνος, force.

piter. (1) — Sacrifice d'Isaac, remplacé par celui d'un bélier. (2)

Rapports d'Isaac avec Oriéus. 1. Oriéus (*Hyéréus, Hyrénus*), signifie *habitant de Ur*. (3) — Abraham naquit à Ur, en Chaldée.

2. La femme d'Oriéus était stérile comme Sara.

3. Oriéus et Abraham se rendent recommandables par leur hospitalité.

4. Oriéus reçoit chez lui Jupiter, Neptune et Mercure. — Abraham reçoit trois anges.

5. Les trois Dieux annoncent un fils à Oriéus. (4) — Les trois anges promettent un fils à Abraham.

Rapports d'Orion avec Isaac : 1. Orion est le fils que Jupiter, Neptune et Mercure avaient promis à Oriéus. — Isaac est le fils que les trois anges avaient annoncé à Abraham.

2. Orion signifie *aveugle*, en Phénicien. — Isaac devint aveugle.

3. Orion s'adonna à la chasse et à l'astronomie. (5) — Ce devaient être les occupations favorites d'Isaac.

4. Orion mourut de la morsure d'un scorpion. — Isaac mourut dans les environs d'Hébron, où se trouve un lieu nommé Akrab (*le scorpion*).

5. La femme d'Isaac se nomme Rebecca, *multitude*. (6) — Une des femmes d'Oriéus s'appelle Bryllé, *multitude*. (7)

Rapports de Philémon avec Abraham et Loth confondus ensemble : 1. Jupiter et Mercure, sous la forme de mortels, visitent Philémon. (8) — Trois anges entrent chez Abraham, déguisés sous les apparences de l'humanité. (9)

2. Philémon, comme Abraham, reçoit ses hôtes avec une exquise cordialité.

3. Philémon et Abraham lavent les pieds de leurs hôtes.

4. Ils leur offrent un modeste repas, dont ils font eux-mêmes les apprêts, avec l'aide de leur femme.

5. Jupiter et Mercure annoncent à Philémon que leurs voisins vont devenir l'objet du courroux céleste. — Des anges font la même prédiction à Loth.

6. Philémon et Baucis suivent leurs hôtes sur une montagne. — Il en est de même de Loth et de sa femme.

7. Philémon et Baucis voient leur ville natale changée en lac. — Sodome et Gomorrhe sont dévorées par la flamme et deviennent un lac de bitume.

8. Philémon et Baucis sont métamorphosés en arbres. — Abraham et Sara furent enterrés près d'un arbre qui devint l'objet de la vénération publique. (1)

L'auteur de *La Religion des Gaulois* pense que le culte du chêne, si répandu dans le paganisme, provient de la vénération profonde qu'eurent les premiers hommes pour le chêne de Mambré, sous lequel Abraham reçut la visite de trois anges. (2)

Le souvenir de la destruction de Sodome s'est conservé chez les Péruviens. Ils racontent qu'une troupe de géans, ayant envahi leur pays, se livra à des crimes contre nature, et que Dieu fit descendre sur eux le feu du ciel. (3) L'origine de la mer sulfureuse qui existe encore actuellement, à la place qu'occupaient jadis Sodome et Gomorrhe, est attribuée à la même cause par Diodore de Sicile, Tacite, Solin, Pline et Strabon.

La religion d'Abraham (Abram) subsista quelque temps dans l'Inde (4), et son nom se conserva dans celui de Brahma. Le nom de Saravasti, sœur et femme de Brahma, est évidemment le même que celui de Sara, nièce et femme d'Abraham. (5) — On retrouve encore quelques traits d'Abraham dans le Zoroastre des Perses. (6) Ils attribuaient à ce patriarche leur système religieux, qu'ils appellent Kish-Abraham. Abraham aurait composé le livre sacré, nommé *Sofh* (7), et aurait demeuré dans la ville de Baleh, nommée depuis *ville d'Abraham*. 8)

---

(1) Phryxus immola ce bélier à Jupiter, et suspendit, dans un bois consacré à Mars, sa riche toison qui devint la conquête des Argonautes.
(2) Th. Perrin, op. citat.
(3) Leclerc, Bibliothèque universelle, t. VII, p 108.
(4) Euphorion de Chalcis. — Paléphate — Apullodore.
(5) Telzès, sur Hésiode.
(6) De l'Hébreu *Ribca*.
(7) Du grec πρυλη. — Fourmont. — Perrin
(8) V. Ovide, Métamorph. l. VIII.
(9) V. la Genèse ch. XVIII.

---

(1) Constantin fit bâtir un temple à cet emplacement. Fleury, Hist. ecclésiast. l. II, ch. 34.
(2) Mercure de France, décembre 1728, p. 2779.
(3) Garcilasso, Hist. du Pérou. — Torquemada, l. I, c. 13 et 14.
(4) Guillaume Postel, de originibus nationum, 1553.
(5) Barthélemy d'Herbelot, Bibliothèque orient. p. 212.
(6) Prideaux, connect. of the old and new test, p. 1. Book 4.
(7) Hyde, de religione veter. Pers c. II p. 28. — Les Mahométans regardent aussi Abraham comme auteur de plusieurs ouvrages.
(8) Il est probable que cette notion doit son origine à Zoroastre, contemporain de Darius, qui emprunta sa théologie

§ 16.

Immortalité de l'âme et vie future.

Au chapitre XVe de la Genèse, Dieu dit à Abraham : *Je serai moi-même ta récompense.* C'est ici, pour la première fois, qu'est exprimé le dogme de la vie future ; mais ce n'est point le seul passage, où il soit fait allusion à l'immortalité de l'âme. Au chapitre XXXVIIe, Jacob dit qu'il rejoindra son fils Joseph, et cela ne peut s'entendre que dans un sens spirituel, puisque ce patriarche croyait que son fils avait été dévoré par une bête sauvage. Job s'écrie qu'il ressuscitera et qu'il verra Dieu face à face. Moyse fait dire au Seigneur : « J'ai allumé un feu dans ma fureur ; il brûlera jusqu'au fonds de l'enfer *(Schéol)* ; il dévorera la terre et toutes les plantes, et brûlera jusqu'au fondement de la montagne. » (1) On sait enfin que les Juifs avaient une grande propension à consulter les âmes des morts, et que Saül lui-même eut cette coupable curiosité. (2) Le dogme primitif de la vie future se retrouve partout, avec des altérations plus ou moins notables.

Les Germains croyaient que de cruels supplices étaient réservés aux âmes des lâches et des méchants, et que d'ineffables délices seraient le partage des hommes justes et braves. (3) — Les Egyptiens embaumaient les morts, parce qu'ils croyaient que l'âme restait unie au corps, tant qu'il ne tombait pas en pourriture. Les âmes étaient par là même exemptes de transmigrer à travers des corps d'animaux, pendant 30 siècles, et au bout de ce terme, elles reprenaient, pour demeure, un corps humain. M. Champollion raconte qu'il a vu, dans les hypogées de Biban-el-Molouk, des tableaux qui représentaient le jugement des âmes. Le Dieu *Atmon* les pèse dans une balance ; celles qui sont trouvées justes sont envoyées dans un jardin délicieux, où leur ministère est de servir des offrandes aux Dieux ; celles qui se sont rendues coupables de quelque grand crime sont liées à des poteaux, bouent dans des chaudières, ou sont suspendues les pieds en l'air. On lit sur les parois où est représenté l'enfer : « Ces âmes ennemies ne voient point notre Dieu, lorsqu'il lance les rayons de son disque ; elles n'habitent plus dans le monde terrestre ; elles n'entendent point la voix du grand Dieu, lorsqu'il traverse les zônes. » Les murs opposés, où est figuré le paradis, portent l'inscription suivante : « Ces âmes ont trouvé grâce aux yeux du Dieu grand ; elles habitent les demeures de gloire, celles où l'on vit de la vie céleste... elles jouiront à jamais de la présence du Dieu suprême. » (1) — Quand on enterre un mort, le prêtre fait la prière suivante : « Soyez propices au mort, vous, gardiens des portes de la demeure divine... Soyez-lui favorables, vous, Dieux de la région de *Matos*, assistants des divines vérités, dans les champs du paradis... Que ce mort soit purifié dans les eaux saintes... Père des Dieux sois-lui favorable ! » (2)

Les Scandinaves avaient deux paradis et deux enfers. Le *Valhalla*, ou palais d'Odin, recevait les guerriers qui étaient morts sur le champ de bataille, et c'est là qu'ils buvaient de la bière dans le crâne des vaincus. Ceux qui mouraient de vieillesse ou de maladie entraient dans l'un des neuf mondes du *Nisheim*, où régnait la déesse de la mort. « C'est une demeure éloignée du soleil, dont les portes sont tournées vers le nord ; le poison y pleut par mille ouvertures... Les parjures, les assassins, les adultères sont plongés dans des torrents ; un dragon noir et ailé vole sans cesse alentour, et dévore les corps des malheureux qui y sont renfermés. » (3)

Selon la doctrine de Zoroastre, tous les hommes ressusciteront un jour. Les justes seront séparés des *Darvands* (réprouvés) ; les premiers iront au *Gorotman* (paradis) ; les seconds seront précipités dans le *Dousach* (enfer). Quand les justes approcheront de leur demeure éternelle, un ange, se levant de son trône, leur dira : « O âmes pures, dans ce séjour, l'auteur des maux n'a aucun pouvoir. Soyez donc les bienvenues, ô âmes pures, dans le *Gorotman*, au milieu duquel sont les Ormuds, les Amschaspands et les Saints. » (4) — Les

---

aux livres de Moyse, et que la ville de Baleh ne fut appelée *ville d'Abraham* que parce que Zoroastre en fit le séjour de l'archimage, ou grand prêtre de la religion d'Abraham. (Prideaux, opere citato, vol. II, p. 318.)

(1) Deut. XXXVIII, 22. — Les Juifs appelaient encore l'enfer *Gehenna*.

(2) Voyez les passages suivants sur l'immortalité de l'âme : Deuter. XIII. — Ps. 115. — 1er Reg. XXVIII. — Eccl. XLVI. Job, CXIX. — Habacuc, III.

(3) Tacite, Mores Germanorum.

(1) Champollion, lettre 13e écrite d'Egypte. (Dans le Moniteur du 19 oct. 1829.)

(2) Caillaud, Voyage à Méroé, t. IV.

(3) Edda Islandorum.

(4) Zend-Avesta, I. Vendidad, Fargard, 19.

Druides enseignaient l'immortalité de l'âme. Les coupables, renfermés dans l'*Ifurin* (enfer), devaient être brûlés par des poisons rongeurs ; leur corps qui sert de pâture aux loups et aux reptiles, doit renaître toujours pour être dévoré sans cesse. (1)

Le Paganisme hellénique se montre inspiré de la plus riante imagination, quand il dépeint le printemps éternel qui fleurit dans les champs Elysées ; mais il s'élève à une poésie bien plus grandiose, dans la description du Tartare : Cerbère veille à la porte de ce sombre empire, entouré d'une triple ceinture de fleuves. — Les trois Parques y filent la destinée des mortels ; trois juges redoutables tiennent leur sort entre leurs mains. — Malheur à ceux qui sont condamnés par un arrêt irrévocable ! car leurs cris de douleur ne pourront jamais appitoyer la furie des Euménides. C'est dans cet horrible séjour, que le brigand Sisyphe roule, jusqu'au haut d'une montagne, un rocher qui retombe toujours ; que le parricide Tantale est consumé par la soif, au milieu des eaux ; que l'impur Ixion est écrasé sous une roue entourée de serpents, et que les Danaïdes versent continuellement de l'eau dans un tonneau sans fonds. (2) Quelques philosophes païens, il est vrai, comme Epicure et Démocrite, ont douté de la spiritualité de l'âme ; mais de quel poids peut être leur sentiment, lorsqu'il est combattu par les Platon, les Porphyre, les Sextius, les Varron, les Caton, les Sénèque, les Cicéron et tant d'autres, qui se sont expliqués sur ce point, d'une manière si formelle et si unanime ? (3)

Le Brahmaïsme compte cinq paradis : le premier, nommé *Swarga Loka*, est la demeure du roi du ciel ; les danses des bayadères, les mets exquis des hôtelleries, les ombrages des arbres d'où pleuvent des fleurs, le nectar des liqueurs qu'on y boit, font de ce monde un séjour d'inéfables délices. Dans le second paradis, les âmes sont unies à la propre substance de *Vichnou*. Dans le troisième, réside *Siva* qui partage avec les bienheureux les plaisirs sensuels les plus délirants. Le monde de *Brahma* n'admet que ceux qui n'ont jamais proféré de mensonges, et les femmes qui se sont précipitées dans le bûcher funéraire de leur époux. Le paradis suprême se nomme *Deva Loka* et n'est peuplé que de justes, dont le cœur n'a jamais été souillé. Ils participent à la science, à la sainteté et même à la nature du Créateur ; car, quand à leur arrivée, le Créateur leur demande : qui êtes-vous ? ils répondent : « je suis le temps ; je suis le passé, le présent et l'avenir ; je suis émané de celui qui est la lumière par lui-même. Tout ce qui est, fut ou sera émane de moi. Vous êtes l'âme de toutes choses, et tout ce que vous êtes, je le suis. » (1) Les Indiens nomment leur enfer *Patalas*. « C'est le lieu des supplices et de la demeure des pêcheurs. C'est là que, plongés dans le feu, ils brûlent et brûleront toute l'éternité... Ou n'y entendra jamais que des gémissements et des cris... Ce qui mettra le comble à leur supplice et les jettera dans le désespoir, sera l'éternité de ce feu qui les brûlera sans les consumer. Chacun y sera puni selon le nombre et la qualité des péchés qu'il aura commis. » (2) Les 7 Patalas sont divisés en 21 enfers, où les âmes coupables, quoique séparées de leur corps terrestre, ressentent des douleurs physiques. Les châtiments sont aussi variés que les crimes qui les ont mérités. Les voluptueux sont écrasés sous des meules ; les faux témoins roulent sur des collines rocailleuses ; les avares sont rongés par les vers ; les calomniateurs se nourrissent d'immondices, et les adultères sont forcés d'embrasser une statue de fer rougi. (3)

Lorsqu'un empereur, d'origine tartare, dit Simon de la Loubère, voulut contraindre les Chinois à se couper les cheveux à la tartare, plusieurs d'entr'eux aimèrent mieux souffrir la mort que d'aller, disaient-ils, en l'autre monde, paraître sans cheveux devant leurs ancêtres, s'imaginant qu'on rasait la tête de l'âme, en rasant celle du corps. — Le fondateur d'une secte renommée au Japon, Xaca, enseigna que les justes seraient réunis, après leur mort, dans un séjour céleste où la dose du bonheur serait proportionnée au nombre des vertus, et que cette inégale répartition n'exciterait pourtant point l'envie. La fête des âmes est une des plus grandes solemnités du Japon : on va, pendant la nuit, à la clarté des flambeaux, visiter les tombeaux, et s'entretenir avec les morts. On les invite à entrer dans la ville, pour

---

(1) Pomponius Mela, de situ orbis, l. 3, c. 2. — Benjamin Constant, de la religion, l. 9, ch. 8.

(2) Voyez le Phédon de Platon, la Théogonie d'Hésiode, l'Odyssée d'Homère, l'Enéide de Virgile, etc.

(3) V. Mammertus Claudianus, de naturâ animæ, l. II, c. 7 et 8.

---

(1) Creuzer. — de Jancigny — Parallèle des religions, t. 1er.

(2) *Ezour-vedam*.

(3) M. Clavel, Histoire du Brahmaïsme.

prendre part à de grands festins. Deux jours après, les hôtes se croyent affranchis des lois de la politesse, envers leurs prétendus convives, et ils les chassent à coups de pierre. (1)

Un jugement sévère, disent les Tartares, attend l'homme au-delà du tombeau. Ceux qui sont sans souillure vont immédiatement dans les régions supérieures ; ceux dont la conscience est salie par des taches légères expient leurs fautes par la transmigration de leur âme, à travers différents corps ; les criminels subissent des peines horribles, dans le séjour des expiations (2.) — Les Siamois comptent neuf mondes supérieurs, où vont les bienheureux, et neuf mondes inférieurs, où descencendent les méchants. L'intensité du bonheur est en raison de l'élévation des mondes (3). — Dans le royaume de Pégu, on admet plusieurs transmigrations de l'âme, à travers des corps d'animaux ; elle n'arrive au bonheur suprême, qu'après avoir passé par le *Nazac*, séjour de la peine. — Dans le royaume de Laos, on croit que les âmes des bons sont revêtues d'un corps lumineux, qui n'est pas inférieur au soleil, par son éclat, et que l'enfer est divisé en 6 quartiers, dont les châtimens sont proportionnés à la culpabilité. — Les habitants du royaume de Camboye disent qu'il existe 27 cieux, destinés aux âmes bienheureuses ; dans le plus élevé de tous, les saints par excellence ont pour étrange privilège d'avoir un corps semblable à celui des Dieux, c'est-à-dire en forme de boule. (4)

L'enfer des Guèbres réunit tous les genres de torture. Parmi ses coupables habitants, les uns sont asphyxiés par la fumée, les autres rongés par des insectes ; ceux-ci sont hachés à coups de poignards ; ceux-là, mordus par les démons, ou plongés dans les eaux glacées. Leur paradis offre des plaisirs sensuels, mais épurés de tout sentiment grossier. (5) — L'enfer, selon les Turcs, est rempli de torrents de soufre et de feu ; les damnés, qui y sont plongés, sont chargés de chaînes de 70 coudées ; ils sont dévorés par la soif et la faim, et ne peuvent boire que des eaux sulfureuses, qui leur brûlent les entrailles. L'enfer n'a que 7 portes, tandis que le paradis en a 8 : c'est un magnifique palais, dont les murs sont en argent massif. Un arbre, nommé *tuba*, laisse découler des ruisseaux de lait et de miel. La table, sur laquelle on sert les mets les plus exquis, est un gigantesque diamant. Tous les plaisirs des sens se renouvellent sans cesse, pour les bienheureux qui en jouissent toujours, sans lassitude et sans dégoût. Cette doctrine immorale établit le vice comme récompense de la vertu. (1)

Les Hottentots adressent des prières aux gens de bien, après leur décès ; ils s'imaginent que les morts fréquentent les lieux où ils ont vécu jadis. (2). — Les nègres de Sierra-Leone étranglent les esclaves du défunt, en leur ordonnant de servir fidèlement leur maître, dans l'autre vie. (3) — Quand le roi de Bénin est mort, on l'enterre dans une fosse très profonde, et ses sujets les plus dévoués s'y précipitent, dans la persuasion qu'ils accompagneront leur Souverain dans le voyage de l'Eternité. Ils placent leur paradis au milieu de la mer. — Les insulaires de la mer du sud placent le leur dans le soleil, et font consister la béatitude qu'on y goûte, dans les jouissances de la table. — Les Taïtiens ont à peu près les mêmes idées ; ils nomment *Touroova T'érai* (assemblée des cieux) le séjour des Bons. (4)

Les nègres de Juida placent leur enfer dans une contrée de la terre, où brûle un feu dévorant. — Les naturels de Loango disent que les âmes des morts fuient les villes et qu'elles voltigent au-dessus des forêts. (5) — Les insulaires de Formose croient que les défunts passent sur un pont de Bambou fort étroit, qui s'écroule sous les pas des méchants. — Bien avant que les missionnaires eussent visité les îles Sandwich, les habitants croyaient à une autre vie, où ils seraient punis ou récompensés, suivant leur conduite en ce monde. (6)

« Nous trouvons, dit Robertson, la loi de l'immortalité établie d'un bout de l'Amérique à l'autre : en certaines régions, plus vague et plus obscure ; en d'autres, plus développée et plus parfaite, mais nulle part inconnue. » Des indigènes d'Amérique, interrogés par Guillaume Penn sur l'immortalité de l'âme, lui répondirent que ceux qui se livraient au vol, au meurtre, au liber-

---

(1) Lacroix, Dict. des cultes, t. 1, p 74.
(2) De Guignes, dans le tome XL des mém. de l'académie des inscriptions. — Annales de philosophie chrétienne, juillet 1832.
(3) S. de la Loubère, Voyage à Siam.
(4) Lacroix, op. citat. t. III.
(5) *Erda-V'raph-Nama*

(1) La *Sonna*.
(2) Kolbe, Description du cap de Bonne-Espérance, t. I.
(3) Barbot.
(4) Voyages de Cook, t. V, p. 440-451.
(4) L'abbé Proyart, Histoire de Loango.
(5) Archibald Campbell, Voyage autour du monde, 1816.

tinage iraient dans un pays glacé ; mais que ceux qui auraient rempli fidèlement leurs devoirs iraient dans un pays chaud, où ils se livreraient au plaisir de la chasse. (1). — Les Groenlandais croient que, lorsqu'un enfant meurt, il ne saurait trouver seul le pays des âmes. Afin qu'il ne s'égare point dans sa route, on enterre avec lui une tête de chien qui doit le conduire au séjour des âmes. (2)

Chez les sauvages du Mississipi, la punition de la vie future, pour les méchants, se résume dans la privation de la chasse. Pour les Floridiens, elle consiste à être relégué sur les montagnes du nord, redoutables par l'intensité du froid et la voracité des ours. Pour les Virginiens, elle se borne à rester suspendu entre le ciel et la terre, tandis que la suprême félicité consistera dans des chants et des danses. — Les habitants des îles Carolines enterrent les morts près de leurs maisons ; ils exposent près du tombeau divers alimens, parce qu'ils sont persuadés que les âmes des justes, qui sont allées au ciel, reviennent, le quatrième jour, vivre d'une manière invisible auprès de leurs parents. (3)

Les Péruviens croyaient que les bons mèneraient, après leur mort, une vie pleine de quiétude, dans le *haut monde*, et que les méchants seraient tourmentés, dans le *bas monde*, par la crainte et la douleur. (4) — Les Iroquois et les Hurons appellent *pays des ancêtres* le séjour des âmes. Un chemin fort difficile y conduit et plus d'un voyageur tombe dans les torrents qui bordent la route. (5. — Un vieux cacique de l'île de Cuba disait à Christophe Colomb : « Sache que nous reconnaissons qu'il y a deux lieux dans l'autre vie, où vont les âmes ; l'un, très mauvais et rempli de ténèbres, et ce lieu là est destiné à ceux qui font le mal ; l'autre est bon et délectable, et c'est le lieu de ceux qui aiment la paix et le repos des peuples. » (6)

Nous pourrions encore ajouter à ces témoignages ceux des Mexicains, des Tonquinois, des Moluquois, des Malgaches (7), des insulaires de Ceylan, de Sumatra

---

(1) Klarkson, Mémoires sur la vie de Guillaume Penn.
(2) Journal encyclopédique, février 1756, p. 31.
(3) Desbrosses, Histoire des navigations aux terres australes, t. II.
(4) Garcilasso, Histoire des Incas, part. II, ch. 1.
(5) Lafiteau, Mœurs des sauvages américains, t. 1er, ch. 4.
(6) Herrera, Histoire générale des voyages des Castillans, t. I, l. 2, ch. 14.
(7) Rennefort, p. 1, l. 2.

(1), etc. ; mais nous en avons cité un assez grand nombre, pour nous croire le droit de conclure, en disant avec M. Frayssinous : « C'est un fait attesté par les annales des peuples anciens et modernes, que la croyance de la vie future a toujours été celle du monde entier. La superstition, les vices, l'ignorance ont bien pu la dégrader ; les sophistes ont bien pu la combattre ; mais elle est restée toujours dominante au milieu de toutes les nations de la terre. » (2)

§ 17.

Jacob. — Laban. — Joseph.

Jacob se rendant en Mésopotamie, s'endormit dans un endroit, qu'il nomma plus tard *Béthel*, où il vit l'échelle céleste, dans un songe mystérieux. A son réveil, il fit un monument commémoratif de la pierre qui lui avait servi de chevet, et y répandit de l'huile. Cet acte de piété, mal interprété par la tradition, donna lieu au culte des pierres (3), et en particulier à la fête du Dieu Terme, qu'on croyait honorer par de grandes libations d'huile. Ce culte était fort répandu, puisque Apulée croit prouver que Siricius Emilianus n'a aucune religion, parce qu'on n'a jamais vu dans ses champs aucune borne couverte d'huile (4). Les payens nommaient *Bétyle*, la pierre que Rhée substitua à Jupiter, pour la présenter à Saturne, qui dévorait tous ses enfants mâles. Un grand nombre de savants, et nous citerons entr'autres Scaliger, Vossius, Bochart, Selden, Grotius, Huet, Falconnet, pensent que le mot *Bétyle* est emprunté du Bethel de Jacob (5).

Rapports de Sésostris avec Jacob (d'après Guérin du Rocher).

---

(1) Benj. Heyne, Traités historiques et statistiques sur l'Inde, Londres 1814.
(2) L'abbé Frayssinous, Discours sur l'immortalité de l'âme. V. sur l'universalité de ce dogme : le catéchisme philosophique de Feller ; la Religion constatée universellement de M*** de la Marne ; la Dissertation du cardinal de la Luzerne sur la spiritualité de l'âme, et le Dictionnaire des cultes de Lacroix.
(3) Chez les Grecs des premiers temps, des pierres brutes tenaient lieu de statues. On adorait une simple pierre, en Béotie, pour Hercule ; en Thespie, pour Cupidon ; à Archomène, pour les trois Grâces ; et à Thèbes, pour Bacchus.
(4) « Ne unum saltem in finibus ejus lapidem unctum. » Apulée, Apologie contre Siricius — V. aussi Arnobe, l. 1, adversùs gentes.
(5) Les bétyles étaient des pierres rondes qu'on croyait animées et que l'on consultait comme des oracles. Priscien leur donne le nom d'*Abbadir*.

1. L'empire de toute la terre est prédit à Sésostris, dès sa naissance. -- La possession de toute la terre est prédite au père de Jacob.
2. Sésostris devient un robuste athlète. — Jacob lutte contre l'ange du Seigneur.
3. Sésostris laisse le gouvernement à son frère, pendant son absence. — Jacob laisse Esaü son frère le maître, par son départ.
4. Sésostris part avec une armée de 600,000 hommes. — Les *Sésos* ou pasteurs israélites sortent d'Egypte au nombre de six cent mille.
5. Sésostris parcourt tout l'Orient. — Jacob marche vers les enfants de l'Orient.
6. Sésostris va chez les Scythes appelés anciennement Araméens. — Jacob va dans le pays d'Aram.
7. Sésostris échoue contre un roi de Colchide, nommé par altération *Salancès*. — Jacob fuit de chez Laban, en grec *Zaleucés*.
8. La Colchide, d'où fuit Sésostris, fameuse par son bélier et sa riche toison. — Jacob épousa Rachel dont le nom signifie *mouton*, et *s'enrichit* par son art de colorer les toisons.
9. Sésostris mettant pour inscription : *le Roi des Rois, le Seigneur des Seigneurs*. — Jacob nomme son autel : le *prince des princes*, le *seigneur des seigneurs* (El-Elohé-Israël).
10. Sésostris, de l'aveu d'Hérodote, n'a de monuments incontestables qu'en Palestine. — Ceux de Jacob étaient en Palestine.
11. Sésostris, manquant de vivres, est obligé de revenir en Egypte. — Jacob est forcé par la disette d'y revenir.
12. Sésostris, à son retour, est en danger de la part de son frère. — Jacob croit y être de la part de son frère.
13. Sésostris, dans le danger, expose le tiers de ses enfants, pour sauver les autres. — Jacob partage sa famille en trois bandes, pour en sauver au moins une partie.
14. Sésostris est délivré par Vulcain, dieu *boiteux*. — Jacob est assisté par le seigneur et demeure *boiteux*.
15. Sésostris, devenu aveugle, meurt de son plein gré. — Jacob, ayant perdu la vue, meurt avec une pleine résignation.
16. Le Phénix, oiseau fabuleux, qui ne peut être qu'un travestissement, paraît pour la première fois, du temps de Sésostris, — comme parût, du temps de Jacob, son fils Joseph, nommé en Egyptien *Phaneach*, d'où vient le mot *Phénix*.

17. Le Phénix embaume son père. — Joseph fit embaumer le corps de son père Jacob.
18. Le Phénix porte le corps de son père sur l'autel du soleil. — Joseph conduit le corps de son père à l'*aire d'Atad*, nom pris pour *Adad*, l'un des noms du soleil (1).

Rapports de Laomédon avec Laban et de Jacob avec Neptune, etc. (d'après Lavaur).

1. Laban promet sa fille Rachel à Jacob, pourvu qu'il travaille sept années dans sa maison; Jacob se soumet à cette condition : mais Laban n'exécute pas sa promesse. — Laomédon promet sa fille à celui qui trouverait moyen de fortifier Troye, contre les vagues qui l'inondaient : mais il manque à sa parole.
2. Laban, en Hébreu, signifie *brique*. — Laomédon, en grec, veut dire *une pierre*.
3. La fille de Laomédon s'appelait Hésione, c'est-à-dire *une brebis*. — Le nom de Rachel, fille de Laban, a la même signification.
4. Jacob venait de Gérar, dont le nom signifie *pélérinage*. — Neptune vécut quelque temps en pélerin sur la terre.
5. Rachel est enlevée par son époux Jacob, à l'insu de son père. — Hésione est enlevée par Télamon. (2)

Rapports de Joseph avec Protée (d'après Guérin du Rocher).

1. Le nom de *Proteus* ou *Protée*, usité seulement chez les Grecs, signifie le *premier* ou le *Prince*. (3) — Joseph est appelé, dans l'Ecriture, *Salit* ou *Prince*.
2. Protée est le fils de Phénicé, fille de Phœnix. — Joseph appelé *Phaneach*.
3. Protée est le plus chaste des hommes. (4) — Il en est de même de Joseph.
4. Un étranger est accusé, sous Protée, d'avoir séduit la femme de son hôte. (5) — Joseph accusé d'avoir voulu séduire la femme de son maître.
5. Cet étranger est arrêté. — Joseph mis en prison.

---

(1) Histoire véritable des temps fabuleux, par Guérin du Rocher.
(2) Lavaur, Conf. de la fable, t 2, p. 162.
(3) Les Egyptiens l'appelaient *Cetna*, mot qui a le même sens que Proteus.
(4) On lit dans Euripide que Jupiter fit transporter Hélène chez le roi Protée, afin de mettre son honneur sous la sauvegarde du plus chaste des hommes. — πάντων σωφρονέστατος βροτῶν. — Prol. Hel. v. 47.
(5) Hérodote, II, 114.

— 58 —

6. Protée, ne donnant point de réponse, sans être lié. (1) Joseph donne des réponses sur les songes de Pharaon, *dans les liens*, c'est-à-dire en prison.

7. Protée a une connaissance particulière des astres. — Joseph vit, en songe, le soleil, la lune et les étoiles qui s'abaissaient devant lui.

8. Protée est instruit de tous les secrets. (2) — Joseph est l'homme *à qui les secrets sont révélés*.

9. Protée doué d'une sagesse toute divine. — Joseph reconnu d'une sagesse plus qu'humaine.

10. Protée a deux fils, Télégonus et Polygonus, noms qui signifient *né loin de son pays* et *fécond*. — Joseph en a deux, Manassé et Ephraïm, noms que l'Écriture interprète de même.

11. Protée ayant un passage ouvert miraculeusement au fond de la mer. (3) — Les os de Joseph sont transportés par un passage miraculeusement ouvert, dans la mer rouge, au peuple d'Israël. (4)

Chompré retrouve l'histoire de Joseph et de la femme de Putiphar, dans celle de Chrétéis, femme d'Acaste. Elle se vengea de Pélée qu'elle n'avait pu faire consentir à sa flamme adultère, en l'accusant, auprès de son mari, du même crime dont la femme de Putiphar accusa Joseph. (5)

§ 18.

Moyse.

Les Rabbins débitent un grand nombre de fables sur la vie miraculeuse de Moyse. D'après leurs traditions, il vint au monde circoncis, et la fille de Pharaon fut guérie de la lèpre, en touchant son berceau. A l'âge de trois ans, il enleva la couronne de la tête de Pharaon, pour la mettre sur la sienne. Après avoir régné 40 ans en Ethiopie, il revint en Egypte et trouva, dans le jardin de Jéthro, une verge miraculeuse, qui avait été formée le 6e jour de la création, et qui portait l'inscription du *tétragrammaton;* c'est à l'aide de ce merveilleux instrument, que Moyse accomplit tous ses miracles (1). D'après Artapan, les Ethiopiens envahirent Memphis, du temps de Moyse. Les Dieux consultés sur l'issue de cette guerre, ordonnèrent de marcher contre l'ennemi, en mettant un Hébreu à la tête de l'armée. Moyse fut choisi pour chef et pénétra dans l'Ethiopie. Obligé de traverser un pays peuplé de serpents venimeux, il prit avec lui une grande quantité d'ibis, qu'il faisait lâcher au besoin, pour qu'ils détruisissent les serpents et rendissent la route praticable. Moyse assiégea Méroé, démantela les places fortes, et, après une victoire complète, épousa la fille du roi d'Ethyopie (2).

Typhon était considéré par les Egyptiens comme le principe de tous les maux. Ce personnage n'est autre que Moyse, que les Egyptiens regardèrent comme un mauvais génie, parce qu'il avait bouleversé tous les élémens, pour punir les sujets de Pharaon de leur hostilité envers les Juifs (3). Guérin du Rocher démontre avec une grande érudition que plusieurs des prétendus Rois d'Egypte, dont les Anciens racontent l'histoire, ne sont que de pâles contrefaçons de Moyse. Nous nous contenterons de signaler, d'après lui, la ressemblance qui rapproche Mycérinus du législateur des Hébreux :

1° Ils sont regardés tous deux comme parfaitement équitables.

2. On vante leur douceur et leur bienfaisance.

3. Ils délivrent l'un et l'autre leur peuple de l'oppression.

4. Ils lui donnent le droit de faire des sacrifices.

5. Mycérinus erre dans la solitude. — Moyse traverse le désert.

6. Mycérinus se fait éclairer, le jour et la nuit. — Une nuée miraculeuse prête à Moyse son éclat nocturne.

7. Mycérinus ensevelit sa fille dans une vache de bois doré. — Moyse enferme les tables de la loi dans une

---

(1) Homère, Odyssée, l. 4, v. 415. — Virgile, géorgiques, l. 4, v. 596.

(2) Orphée, hymn. in Proteum. — D'après le Paraphraste chaldéen de la Genèse, le nom Egyptien de Joseph signifie : vir cui abscondita revelata sunt (*Sophenach Phaaneah*).

(3) Lycophron, cassand. p. 25, edit. Paul. Steph.

(4) L'abbé Chapelle, Histoire véritable des temps fabuleux confirmée par les critiques qu'on en a faites. (Précis sur les rapprochemens, etc.)

(5) Chompré, supplément au Dictionnaire de la fable.

(1) Les Mahométans ont adopté toutes les rêveries rabbiniques, en y ajoutant encore des détails plus absurdes. *Voyez* l'article *Moyse* de la bibliothèque orientale.

(2) Eupol. et Artapan apud Euseb. lib. IX. — Cedenas, hist. compend. p. 48 de l'édition de 1647. Josephe dit aussi que Moyse épousa Tharbé, fille du roi des Ethiopiens, fait qui pourrait peut-être trouver sa confirmation dans la dispute de Marie et d'Aaron contre Moyse. Nombres, XII.

(3) Girardet. myth. p. 260. — Plutarque dit que Typhon fut surnommé *le roux*. — Artapan prétend que Moyse avait des cheveux couleur de feu. Typhon monté sur un âne fut 7 jours en fuite. C'est un fait évidemment calqué sur l'histoire de Moyse. — *Voyez* l'Exode, IV, 20.

arche dont le nom, en Hébreu, (*thora*) a aussi la signification de *vache*.

8. Mycérinus est condamné par l'oracle à mourir prématurément. — Dieu condamne Moyse à mourir avant d'avoir pénétré dans la terre promise (1).

Le Bacchus des Grecs est une copie du Moyse des Hébreux. Les rapports sont si frappants que Tacite dit en parlant des Juifs : « quelques personnes ont pensé que ce peuple adorait Bacchus, vainqueur de l'Orient. » (2). L'ode d'Horace, *Bacchum in remotis*, pourrait seule nous suffire, pour prouver notre assertion ; nous n'y retrouverons certainement pas l'ordre chronologique des évéments qui ont rapport à Moyse ; mais nous y découvrirons les principaux faits sous le voile d'une fable transparente. On dirait que le poète est tout d'abord transporté sur les hauteurs du Sinaï.

> Bacchum in remotis carmina rupibus
> Vidi docentem (credite posteri !)
> Nymphasque discentes et aures
> Capripedum satyrorum acutas.

Remotis rupibus. On ne pouvait voir ni entendre ce qui se passait sur le mont Sinaï que de fort loin, puisqu'il était défendu d'en approcher sous peine de mort.

Carmina. Il ne s'agit point ici de véritables vers, puisque Bacchus ne présidait point à la poésie. Mais comme les lois antiques étaient exprimées en strophes, on donnait le nom de *Carmina* aux lois elles-mêmes, *Carmina* peut donc désigner les lois du Décalogue.

Horace ne semble-t-il pas être mis hors de lui par le spectacle du Sinaï, quand il s'écrie :

> Evoë ! recenti mens trepidat metu,
> Plenoque Bacchi pectore turbidum
> Lætatur ; evoë ! parce, liber,
> Parce, gravi metuende thyrso.

Liber. Des savants nous disent que ce surnom fut donné à Bacchus parce que le vin donne une certaine liberté de paroles. Il serait tout aussi plausible de dire que Bacchus, étant une contrefaçon de Moyse, l'épithète de *liber* convient parfaitement au libérateur des Hébreux.

Mens trepidat metu. Nous comprenons que le souvenir d'un Dieu, qui manifeste ses lois au milieu des foudres et des éclairs, cause un si religieux effroi ; mais nous ne comprendrions pas cette sainte frayeur pour le Dieu du vin, récitant des vers devant un cercle de nymphes et de satyres.

Gravi metuende thyrso. Une baguette était le signe de la puissance de Moyse, et cette puissance était redoutable aux Hébreux prévaricateurs, puisqu'elle dévolut à la mort les 23,000 qui avaient fléchi un genou idolâtre devant le veau d'or.

Horace jette ensuite ses regards sur un tableau plus doux.

> Fas pervicaces est mihi thyadas
> Vinique fontem, lactis et ubures
> Cantare rivos, atque truncis
> Lapsa cavis iterare mella.

Thyadas pervicaces. Ces Thiades nous rappellent Marie, sœur d'Aaron, ainsi que ses compagnes, qui unissent leurs voix au son du tambour, pour accompagner le cantique de Moyse, au sortir de la mer rouge.

Vinique fontem. Bacchus fit jaillir une fontaine de vin, en frappant la terre de son thyrse. C'est évidemment Moyse qui, à l'aide de sa baguette, fait jaillir l'eau d'un rocher.

Lactis rivos. L'Ecriture se sert de ces expressions figurées pour peindre la fertilité de la terre de Chanaan; mais la Mythologie a pris la métaphore au pied de la lettre.

> Fas et beatæ conjugis additum
> Stellis honorem, tectaque penthei
> Disjecta non levi ruinâ
> Thracis et exitium Lycurgi.

Penthei ou *panthei*. Ce mot décomposé signifie *tous les dieux*. Les temples de tous les faux dieux furent en effet livrés à la destruction, chaque fois que Moyse en rencontra dans le cours de ses victoires.

> Tu, cùm parentis regna per arduum
> Cohors gigantum scanderet impia,
> Rhœcum retorsisti leonis
> Unguibus, horribilique malâ.

Horace fait allusion aux géants dont Bacchus réprima l'audace, sous la forme d'un lion. C'est l'image de Moyse, exterminant les ennemis de Jehova, les habitans du pays de Basan, qui était appelé le pays des géants. Moyse, le plus doux des hommes, devenant courageux comme un lion, lorsqu'il s'agit de défendre le nom de Jéhova, n'est-il pas bien figuré par Bacchus, Dieu des plaisirs,

---

(1) Guérin du Rocher, hist. véritable des temps fabuleux, t. III. p. 49.

(2) Tacite, hist. lib. V, c, 5.

qu'on goûte dans la paix, se méthamorphosant en lion pour défendre Jupiter? (1)

> Tu flectis amnes, tu mare Barbarum;
> Tu separatis uvidus in jugis,
> Nodo coërces viperino
> Bistonidum sine fraude crines.

Flectis amnes. Moyse, en effet, dompta la mer, en entrouvrant ses eaux pendant le passage miraculeux des Israélites.

Nodo viperino. Les serpents jouent aussi un grand rôle dans l'histoire de Moyse, puisque c'est grâce à ses prières que les Hébreux furent délivrés de ces animaux malfaisans.

> Te vidit insons cerberus aureo
> Cornu decorum, leniter atterens
> Caudam; et recedentis trilingui
> Ore pedes tetigitque crura.

Ces cornes d'or, dont le poète surmonte le front de Bacchus, ne sont autre chose que les cornes qui brillaient sur le front de Moyse, alors qu'il descendit du mont Sinaï (2).

> Non sat idoneus
> Pugnæ ferebaris, sed idem
> Pacis eras mediusque belli.

C'est bien là le caractère de Moyse. Le pasteur des troupeaux de Jethro pouvait paraître, par ses fonctions, peu propre aux combats, et cependant il devint aussi habile à conduire le peuple pendant la guerre, qu'à le gouverner pendant la paix.

L'Écriture ne nous dit point que Moyse fit la guerre aux Ethiopiens; mais l'historien Josèphe nous l'assure, et nous avons aucune raison de mettre en doute sa veracité. En admettant cette opinion, nous trouvons un rapprochement de plus entre Bacchus, vainqueur des Indes et Moyse vainqueur des Ethiopiens (3).

A ces rapports que nous avons établis d'après l'ode d'Horace, nous pouvons encore en ajouter d'autres plus frappants d'après Girardet, Bochart et Perrin.

1. Bacchus est surnommé *bimater*, c'est-à-dire qui a deux mères. — Moyse eut pour ainsi dire deux mères : une mère selon la nature et une mère d'adoption.

2. Bacchus est encore nommé *Nil* (1), *Hyès* (Maître de la pluie), *libérateur*, *œsymnetès* (caché dans une caisse) (2), *Anthéus* (qui fait fleurir), *Mysès* (sauvé des eaux) (3), θεσμόφορος (porteur de lois), τελέταρχης (auteur de cérémonies parfaites.) Tous ces surnoms ne nous rappellent-ils point quelques circonstances de la vie de Moyse, son exposition sur le Nil dans un berceau, les lois et les cérémonies qu'il prescrit à son peuple, la verge d'Aaron qui fleurit d'une manière miraculeuse.

3. Les mythographes nous disent que Bacchus naquit de la cuisse de Jupiter. Cette fable est la conséquence de ces paroles de la Bible mal interprétées : *Ceux qui étaient sortis de la cuisse de Jacob*, c'est-à-dire ses enfants (4).

4. Orphée fait naître Bacchus près du Nil. — Moyse naquit aux environs de ce fleuve.

5. Pausanias raconte que Bacchus fut exposé dans un coffre sur le fleuve Cydon (5). — Moyse fut exposé dans un berceau sur le fleuve du Nil.

6. Diodore de Sicile vante la beauté de Bacchus (6). — La fille de Pharaon adopte Moyse orphelin, à cause de sa beauté (7).

7. Jamais plus grand prophète ne s'éleva dans Israël, dit le Deutéronome, en parlant de Moyse. — Bacchus fut un grand devin, nous dit Euripide.

8. Bacchus est accompagné d'un chien. — Moyse est suivi par Caleb, dont le nom en Hébreu, signifie *chien*. Le Caleb de la fable, métamorphosé en constellation, était chargé de faire mûrir le raisin. — Le Caleb de l'Ecriture rapporta du pays des Chananéens un raisin d'une grosseur prodigieuse.

9. Bacchus est mutilé. — Moyse est circoncis;

10. Bacchus donna deux tables de lois à Béroé, près du mont Liban (8). — Moyse reçoit les deux tables de la loi sur le mont Sinaï.

11. Bacchus se métamorphose en lion. — Le lion est l'emblême de la tribu de Juda.

12. Bacchus, par la vertu de son thyrse, fait jaillir

---

(1) Le rapprochement paraîtra encore plus frappant, si on se rappelle que *Jupiter* et *Jehova* sont le même nom. Voyez le 1er chapitre de cette dissertation.

(2) Exode, chap. XXXIV.

(3) Journal encyclopédique, mars 1784. Voyez la note (2) de ce chapitre, p. 38.

---

(1) Macrobe.

(2) On lui donnait ce nom, en Achaïe. Pausanias, dans les *Achaïques*.

(3) Orphée, *Hymn.*

(4) Exode, 1, 5.

(5) Lacon.

(6) Diodore de Sicile, L. 4.

(7) Josèphe, *Ant.* II, 5.

(8) Nonnus - *Dyonis.* L. 4.

des fontaines, du sein des rochers (1). — Moyse tire une source du rocher de Cadès, en le frappant de sa baguette.

13. Jupiter ordonne à Bacchus d'exterminer les peuples de l'Arabie et des Indes (2). — Dieu ordonne à Moyse de combattre les Chananéens et les Héthéens.

14. Bacchus traverse l'Hydaspe à pieds secs ; puis, il frappe les eaux de son thyrse, et les Indiens qui le poursuivaient sont engloutis (3). — L'armée de Pharaon est ensevelie dans la mer rouge.

15. La verge de Moyse change l'eau du Nil en sang. — Le fils de Sémélé métamorphose l'eau d'un fleuve en vin (4).

16. Par un singulier prodige qu'opéra Moyse, les Egyptiens furent plongés dans les ténèbres de la nuit, tandis que les Hébreux jouissaient de la lumière du jour. — Dans une célèbre tragédie d'Euripide, le chœur des Bacchantes jouit de la clarté du jour, tandis que les Indiens restent dans l'obscurité (5).

Rapports entre Apollon et Moyse (d'après Huet).

1. Apollon est surnommé pasteur, législateur, vainqueur de géants, guide de la fuite, établissant la dîme (6), etc. Toutes ces épithètes conviennent parfaitement à Moyse.

2. Apollon et Moyse sont remarquables par leur beauté.

3. Le front d'Apollon est orné de cornes, comme celui de Moyse.

4. Le nuage qu'on représente quelquefois sur la tête d'Apollon, ne figurerait-il pas la nuée miraculeuse ?

5. Le fils de Latone est accompagné des 9 muses. — Moyse est suivi d'un chœur de femmes qui chantent.

6. Apollon garde les troupeaux d'Admète, et Moyse ceux de Jéthro.

7. Apollon terrasse le géant Tithée, dont le cadavre couvre 9 arpents de terre. — Og, roi de Basan, vaincu par Moyse, était un géant de 9 coudées.

8. Apollon tue le serpent Pithon. -- Moyse subjugue les Hévéens, dont le nom, en Hébreu, veut dire *serpent* (7).

Chompré découvre dans la fable si connue d'Admète et d'Alceste plusieurs rapports avec Moyse fuyant de l'Egypte, se réfugiant dans la terre des Madianites, chez Jéthro, dont il garda longtemps les troupeaux et devint ensuite le gendre (1).

Minos régnant sur l'île de Crète, jugeant les causes les plus difficiles, avec une parfaite équité, recevant de Jupiter une verge, s'entretenant avec le roi des Dieux sur le mont Ida, ayant tout pouvoir sur la mer (θαλασσοκρατωρ), n'a-t-il pas aussi une grande ressemblance avec Moyse, législateur souverainement juste, qui confère avec Dieu, qui reçoit une baguette miraculeuse des mains du Seigneur et qui fait sentir aux flots de la mer rouge l'effet de sa puissance (2).

Il est facile de reconnaître plusieurs traits de Moyse dans le récit que fit le gardien du temple des Natchez à M. le Page du Pratz. Il y a grand nombre d'années, lui disait-il, qu'il parut parmi nous un homme et une femme qui descendaient du soleil. Ce n'est pas que nous crussions qu'ils étaient enfants du soleil ; mais quand on les vit l'un et l'autre, ils étaient encore si brillants que l'on n'eut point de peine à croire qu'ils venaient du soleil. (3). Cet homme nous dit qu'ayant vu de là haut que nous ne savions point nous gouverner, il venait nous apprendre à mieux vivre (4). Il nous dit que, pour plaire à l'Esprit suprême, il ne fallait jamais tuer son semblable qu'en cas de légitime défense, ne jamais avoir de rapports avec d'autre femme que la sienne, ne rien prendre à autrui, ne jamais mentir ni s'enivrer, et donner libéralement à ceux qui sont dans l'indigence (5). Cet homme parlait avec tant d'autorité qu'il inspirait du respect même aux vieillards les plus considérés (6). On lui offrit la souveraineté qu'il refusa d'abord, mais que de pressantes instances lui firent enfin accepter (7). Il nous annonça que nous irions un jour habiter un pays bien préférable au nôtre (8). Il fit bâtir un temple dans lequel les

---

(1) Oppien, *Cyn.* IV, v. 276.
(2) Nonnus, l. 15.
(3) id. l. 24 et 25.
(4) id. l. 14 et 48.
(5) Eurip. in *Baccho*, act. 5
(6) Paus. *Att.*
(7) Huet, dem. evangel. prop. 4, p 105.

(1) Supplément au dictionnaire de la fable.
(2) Huet, dem. evang. prop. 6. p. 115.
(3) Moyse descendant du mont Sinaï, embrasé par les lueurs de la foudre.
(4) Moyse prescrivant des lois.
(5) Ce sont les principaux articles du décalogue.
(6) La parole de Moyse a tant d'autorité, qu'elle suffit pour contenir un peuple presqu'indisciplinable dans les limites du devoir.
(7) Moyse refuse d'abord la mission dont Dieu veut l'investir.
(8) La terre promise.

princes seuls avaient le droit d'entrer, et où brûlait un feu perpétuel, que de nombreux gardiens entretenaient nuit et jour. (1).

Les écrivains les plus remarquables de l'antiquité païenne, fait observer Burnet, ont admiré Moyse; ils l'ont placé parmi les plus illustres législateurs, et ils paraissent même n'avoir pas ignoré les miracles qu'il fit en Egypte. Ce qu'ont écrit ces historiens concerne ou bien les temps fabuleux ou bien des temps nommés héroïques et historiques. Dans le premier cas, nous trouvons quelques rayons de lumière dans les ténèbres mythologiques qui nous font apercevoir le type défiguré de Moyse; dans le second, des témoignages plus positifs viennent confirmer, dans ses points les plus importants, l'histoire du premier législateur du monde. (2).

§ 19.

Sortie d'Egypte. — Arche d'alliance.

Manéthon, pour jeter du ridicule sur les Juifs, rapporte que Bocchoris, roi d'Egypte, voyant que son royaume était infesté par la lèpre, exila dans un désert tous ceux qui étaient atteints de cette maladie. Ces infortunés choisirent Moyse pour leur chef, parce qu'il avait découvert une source, en suivant les traces d'un âne sauvage. Sous la conduite de ce guide intelligent, ils arrivèrent, en peu de jours, dans la terre de Chanaan. Là, ils résolurent de ne jamais faire usage de la chair du pourceau, animal si sujet à la lèpre, et ils vouèrent à l'âne un culte de reconnaissance (3).

Les historiens d'Egypte, dans le récit fabuleux de leurs prétendues dynasties, ont confondu Moyse sortant d'Egypte avec Bocchoris, Amosis, Typhon, Nitocris, Gnéphachthus, etc. Nous emprunterons à l'abbé Chapelle quelques-uns de ses ingénieux rapprochemens :

1. Bocchoris est accusé d'être avide d'argent. — Les Israélites, à leur sortie, emportèrent les effets les plus précieux des Egyptiens.

2. On attribue à Bocchoris la loi des emprunts, — parce que Moyse fit emprunter ces effets des Egyptiens.

3. Bocchoris fait submerger les lépreux, environnés de lames de plomb. — Les Egyptiens sont submergés, ainsi qu'une masse de plomb, selon l'expression de l'Ecriture.

4. Un aspic, symbole de la divinité, ombrage la tête de Bocchoris — Des rayons de lumière environnent la tête de Moyse.

5. Les Pasteurs sortent d'Egypte sous Thutmosis. — Les Pasteurs Israélites sortirent en vertu des *Atuth Moseth* ou des signes de Moyse.

6. Les Pasteurs attaqués sous *Misphragmuthosis*. — Les Israélites poursuivis au milieu des eaux du *Suph* ou la mer Rouge entr'ouverte, ce qu'exprime le mot de Misphragmuthosis.

7. Les Pasteurs renfermés alors dans leur place d'*Abaris*, — nom formé de l'*Abre* ou passage du peuple *Abri* (hébreu).

8. Cette prétendue ville d'*Abaris* était construite au milieu des eaux. — Le passage des Israélites ou Abri se fit au milieu des eaux.

9. Cette ville d'*Abaris* environnée de grandes murailles. — Les eaux formèrent un mur à droite et à gauche pour les Israélites.

10. Cette ville d'*Abaris* est appelée la ville de *Typhon*, — parce que les Israélites y éprouvèrent un *tufan* ou une submersion.

11. Typhon, après sa fuite, devient père de Judæus et d'Hiérosolymus. — Les Israélites qui s'enfuirent, en submergeant les Egyptiens, allèrent donner leur nom à la Judée, où ils eurent Jérusalem pour capitale.

12. Typhon fut foudroyé près d'Héro. — Le Tufan ou la submersion des Egyptiens arriva dans le golfe d'Héroopolis.

13. Nitocris est une reine de couleur rouge. — Submersion arrivée dans la mer Rouge.

14. Nitocris placée entre deux *Métusuphis*, — noms qui signifient *mort dans la mer de Suph* ou mer Rouge.

15. Nitocris fait construire un long édifice souterrain. — Les eaux de la mer Rouge, élevées à droite et à gauche, forment une espèce d'enceinte souterraine.

16. Nitocris invite les Egyptiens à un festin. — Les Egyptiens se trouvent conduits à *Philahiroth*, mot qui signifie en hébreu *la bouche de l'étape*.

---

(1) La terre promise.

(2) G. Burnet, défense de la religion, t. I. p. 286. — Parmi les auteurs païens qui ont parlé de Moyse, nous pouvons citer Strabon, Longin, Diodore de Sicile, Pline (hist. nat. l. XXX, c. I), Justin (l. XXXVI), Dion Cassius (hist. l. XXXVII, c. 37), Tacite (ann. l. V, c. 5) et Juvénal dont on connaît ces deux vers:
Judaicum ediscunt et servant et metuunt jus
Tradidit arcano quodcumque volumine MOSES.

(3) Cette fable de Manéthon a été reproduite par Tacite, Trogue-Pompée, Justin et Plutarque.

1". Nitocris inonde subitement les Egyptiens assemblés. — Les Egyptiens sont inondés tout à coup.

18. Nitocris se sauve dans un appartement plein de cendres. — Les Israélites vont s'établir dans la Palestine, nom qui signifie *plein de cendres*.

19. Gnéphachthus est réduit à une nourriture fort modique dans un désert d'Arabie. — Disette de Moyse dans le désert.

20. Gnéphachthus fait des imprécations contre *Ménas*. — Le peuple de Moyse murmure contre la manne.

21. Les imprécations contre *Ménas* sont gravées à Thèbes. — Murmures du peuple dans la station de Thbare, mot pris pour *imprécations* à Thèbes (1).

Quelques coutumes religieuses des peuples de l'antiquité paraissent avoir été inspirées par le souvenir de l'arche d'alliance. Les Carthaginois transportaient les images de leurs divinités dans des chars couverts, dont le mouvement et les oscillations avaient un sens prophétique. Cet usage existait également en Lybie et en Germanie (2). On vénérait une arche à Phénéum, à Delphes, à Troie et à Rome. Les historiens et les poètes nous parlent en termes merveilleux de l'arche des Argonautes, d'Isis, de Cypsélus, des Egyptiens et des Chinois. M. Banks a trouvé dans l'île de Huaheim, près d'Otaïti, un coffre qui lui a offert la plus frappante ressemblance avec l'arche d'alliance (3). Cette vénération de l'arche, chez des peuples si différents, ne peut dériver que du souvenir confus de l'arche du désert (4).

---

(1) Précis des principaux rapprochemens des traits parallèles et correspondans de l'histoire d'Egypte et de l'Ecriture sainte. *Voyez* sur l'identité de Typhon et de Moyse, la dissertation de Georges Wallin : De origine rituum hebraicorum.

(2) Tacite, mores Germ.

(3) On peut en lire la description dans le tome IIe de la relation des voyages de Byron, Wallis et Cook, éditée par Hawkesworth.

(4) L'arche de Phénéum était un coffre composé de deux pierres exactement jointes ; on les divisait à la fête des grands mystères. On en tirait, dit l'abbé Girardet, de l'écriture qui enseignait les lois du culte et la liturgie de la fête ; on en faisait la lecture au peuple assemblé, puis on la remettait dans ces pierres qu'on joignait ensuite. La loi n'était-elle pas aussi chez les Hébreux dans l'arche d'alliance, et n'en faisait-on pas la lecture à la fête des Tabernacles ? Le coffre de Phénéum était surmonté d'un couvercle, au-dessus duquel on voyait la représentation de Cérès Kidaria, c'est-à-dire *la Noire*. Pausanias, qui raconte le fait, n'en explique pas la figure : mais la Cérès noire qu'on révérait dans une autre arche à Phigalée, autre ville d'Arcadie, était une femme ayant une tête de cheval, entourée de serpens et d'autres bêtes féroces, tenant d'une main un dauphin, et de

§ 20.
Lois religieuses et morales de Moyse.

Les trois derniers livres du Pentateuque contiennent les lois religieuses, morales, politiques, civiles et militaires que Moyse donna aux Hébreux. La tradition fit connaître aux autres peuples plusieurs dispositions de cette législation divine, et particulièrement les dix articles du Décalogue. C'est pour cela que, même dans les Mythologies les plus absurdes, dans les Religions les plus ridicules, nous retrouvons encore des préceptes de la plus haute moralité. Nous allons reproduire ici les principaux articles des codes religieux et moraux des Payens, et le lecteur saisira facilement leurs rapports avec la loi mosaïque, sans que nous ayons besoin de faire nous-même des rapprochemens qui nous entraîneraient dans de trop longues discussions. Ces rapports sont d'ailleurs trop palpables pour qu'ils aient besoin de commentaires.

Lois de Zoroustre.

Invoquez Ormusd avec humilité.

Appliquez-vous à penser le bien, à dire le bien, à faire le bien.

Eloignez-vous de tout ce qui est mal.

Ne faites point de mal à votre prochain.

Ne vous laissez pas emporter par la colère.

Ne vous laissez aller ni à l'avarice, ni à la violence, ni à l'envie, ni à l'orgueil, ni à la vanité, ni à la contradiction à la loi.

Ne prenez pas le bien d'autrui.

Abstenez-vous de la femme de votre prochain.

Ne disputez pas avec l'envieux.

N'allez pas avec celui qui fait du mal à son prochain.

Répondez avec douceur à votre ennemi.

Les pensées superbes et hautaines, la soif de l'or, la colère, l'envie, le regard mauvais et méprisant, l'obsti-

---

l'autre une colombe. C'était là un *chérub* historique sur le déluge. Il y avait un oracle à l'instar de celui de Delphes, même plus ancien, puisqu'on en attribuait l'établissement à Naos, qui est le nom même de Noé, et on y entretenait un feu éternel. Anciennement les Chinois avaient un vase à trois pieds, garni de deux anses, comme l'était l'arche des Juifs, et qu'ils regardaient comme sacré. Parmi les arches qu'on portait aux processions des mystères d'Eleusis, il s'en trouvait une dans laquelle étaient les livres saints..... Voici comment, à chaque page de l'histoire fabuleuse de l'antiquité, on rencontre quelques vestiges de l'histoire sainte. — Th. PERRIN.

nation à soutenir que le mensonge est vérité, l'opposition à la paix, prononcer des paroles violentes, commander le mensonge, voler..... tout cela est péché.

Le regard impudique, la fornication, affliger le prochain, frapper un homme, le chagriner de paroles, refuser l'hospitalité, ne pas secourir les pauvres, tout cela aussi est péché (1).

Lois égyptiennes.

Honore tes parens.

Sois vertueux; les juges du lac prononceront après ta mort sur tes œuvres.

Lave ton corps deux fois le jour et deux fois la nuit.

Vis de peu.

Ne révèle point les mystères (2).

La prière suivante, que les Prêtres égyptiens prononçaient au nom des morts, nous fait connaître quelles étaient les vertus qu'ils préconisaient davantage : « O vous tous, Dieux qui donnez la vie aux hommes, recevez-moi et faites-moi habiter avec les Dieux éternels : car tant que j'ai vécu en ce monde, j'ai eu une piété constante envers les Dieux que mes parens m'ont fait connaître; j'ai honoré mon père et ma mère; je n'ai tué aucun homme; je n'ai rien soustrait de ce qui m'était confié, et je n'ai fait aucun autre mal impardonnable » (3).

Les Egyptiens observaient la pratique de la circoncision; ils jeûnaient avant de célébrer une de leurs plus grandes fêtes; ils se purifiaient par des pratiques expiatoires; ils s'abstenaient de certains alimens, comme les Juifs, et particulièrement de la chair des animaux qui ont de la corne aux pieds (4).

Lois de Pythagore.

Honore les Dieux immortels.

Respecte le serment.

Honore tes parens.

Fais ce qui n'affligera pas ta mémoire.

N'admets point le sommeil dans tes yeux, avant d'avoir examiné trois fois dans ton âme les œuvres de ta journée. Demande-toi : Où ai-je été? Qu'ai-je fait? Qu'aurais-je dû faire?

Ainsi, après une vie sainte, lorsque ton corps retournera aux élémens, tu deviendras immortel et incorruptible, tu ne pourras plus mourir (1).

Plusieurs écrivains, fait observer l'abbé Massieu, ont cru que les livres de Moyse n'ont pas été inconnus au philosophe de Samos. Il y a lieu de s'étonner qu'outre les preuves qu'ils en apportent, ils aient omis celle qu'on peut tirer des deux grandes vérités qu'il pose pour fondement de toute sa doctrine, et dans le même ordre que Moyse (2).

Lois de Minos.

Ne jure point par les Dieux.

Jeune homme, n'examine point la loi.

La loi déclare infâme quiconque n'a point d'ami.

Que la femme adultère soit couronnée de laine et vendue.

Que vos repas soient publics, votre vie frugale et vos danses guerrières (3).

Les lois de Lycurgue, quant aux prescriptions morales, sont à peu près les mêmes que celles de Minos.

Lois de Solon.

Que l'enfant qui néglige d'ensevelir son père, que celui qui ne le défend point, meure.

Que le Temple soit interdit à l'adultère.

Que le magistrat ivre boive de la ciguë.

Que le soldat lâche soit condamné à mort.

Que le sacrilége meure.

Epouse, guide ton mari aveugle.

L'homme sans mœurs ne pourra gouverner (4).

Les lois d'Athènes, comme celles de Moyse, bannissent l'homicide involontaire, pour que sa présence n'aigrisse point la douleur et n'entretienne point la haine des parens de la victime.

« Lorsqu'un homme, dit Moyse, sera surpris volant

---

(1) *Zend-Avesta*, livre Ieschts-Sadès, n° 15, 18, 31. — Voyez aussi *les usages religieux des Parses*, par Anquetil.

(2) Platon, *de leg.* — Plutarque, *isis et osiris*.

(3) Porphyre, *de abstinentiâ carnium*, l. 4.

(4) Hérodote, l. 11, n° 36. — Josèphe, *contrà Appionem*, l. 11, n° 13.

(1) Χρυσᾶ ἔπη. *Les vers dorés*, quoique portant le nom de Pythagore, sont attribués à son disciple Lysis. Ils furent commentés par Hiéroclès, néo-platonicien du ve siècle.

(2) Mémoires de l'académie des inscriptions, t. V.

(3) Aristote, *Politique.* — Platon, *de leg.*

(4) Plutarque, vie de Solon. — Tite-Live.

avec effraction, si on le frappe et qu'il en meure, celui qui l'aura tué ne sera point coupable de meurtre. » Cette disposition se retrouve dans les lois de Solon, ainsi que dans celles des douze tables.

Autres lois des Grecs.

« Le feu brûlera toujours sur l'autel, dit le Seigneur en parlant à Moyse, et le prêtre aura soin de l'entretenir, en y mettant du bois, le matin de chaque jour. Il y placera l'holocauste et fera brûler par-dessus la graisse des hosties pacifiques. » Cette loi des holocaustes devint celle de plusieurs villes de la Grèce. Un feu perpétuel brûlait dans le temple d'Apollon, à Delphes et à Athènes; dans celui de Cérès, à Mantinée; dans ceux de Minerve et de Jupiter Ammon (1).
Les Juifs se rendaient trois fois par an à Jérusalem, pour adorer le Seigneur. Les Payens ont imité ces pélerinages. Il y avait un jour consacré où les Ioniens se rendaient au temple de Neptune, les Doriens à celui d'Apollon, les Cariens à celui de Jupiter Chrysaorien (2).
La Néoménie ou l'adoration de Dieu, au commencement de la nouvelle lune, devint une coutume fort générale chez les Gentils. Les Athéniens ne chômaient point ce jour, mais ils le passaient en divertissemens (3).
La plupart des lois morales et religieuses des Grecs n'étaient point écrites; elles se transmettaient par la tradition. Le texte en est donc perdu pour nous; mais nous pouvons en connaître l'esprit par les maximes que les poètes ont semé dans leurs écrits. Nous nous bornerons à citer quelques-unes des plus *bibliques*.

Zeus humilie l'orgueil (*Hésiode*).
La tempérance est un excellent don des Dieux (*Euripide*).
Les Dieux haïssent l'homme paresseux (*Hésiode*).
Il est criminel de se réjouir du mal qui se fait (*Euripide*).
Honore les Dieux, tes parens et les lois (*Euripide*).
Ne méprise point les sermens (*Euripide*).
Soyez reconnaissant envers vos bienfaiteurs (*Pindare*).

---

(1) Cet usage se retrouve également chez les Egyptiens, les Perses, les Péruviens et les naturels du Congo.

(2) De nos jours, Lassa est un rendez-vous de pèlerins pour les Thibétains; Isje, pour les Japonais; La Mecque, pour les Musulmans. — Th. Perrin.

(3) V. Pluche, *Spectacle de la nature*, t. III.

Les Dieux veulent que nous nous souvenions de nos devoirs (*Homère*).
Ne te laisse pas séduire par les flatteries d'une femme (*Sophocle*).
Respecte la justice et abstiens-toi de violence (*Hésiode*).
Zeus observe les hommes, et quiconque fait le mal est puni (*Homère*).
On doit renoncer aux richesses injustement acquises (*Euripide*).
Fais avec innocence et pureté des sacrifices aux Dieux (*Hésiode*).
Lorsque vous célébrez une fête religieuse, il est défendu par la loi de vous occuper d'affaires durant ce temps, soit en particulier, soit en public, excepté pourtant de ce qui a rapport à la fête (*Démosthènes*).

Lois des Romains.

Il ne nous reste que quelques fragmens de la loi des douze tables. Nous ne pouvons donc connaître les lois religieuses et morales du peuple romain que par les inductions que nous tirons des poètes et des philosophes. Voici quelques textes qui ne permettent point de douter que le code religieux des Hébreux n'ait puissamment influé sur la législation morale des Romains.

Celui qui fait le bien sera récompensé; celui qui fait le mal sera puni (*Plaute*).
Les Dieux aiment la chasteté (*Tibulle*).
La clémence t'enseigne à réprimer la colère (*Claudien*).
Celui qui se repent d'avoir péché est presque innocent (*Sénèque le Tragique*).
Ne dis point de mal de ton ennemi (*Publius Syrius*).
Il n'est rien de pire que l'homme ingrat (*Plaute*).
C'est un grand crime de préférer la vie à la pudeur (*Juvénal*).
Quiconque cherche la mort laisse une vie criminelle (*Publius Syrius*).
Tu pèches doublement, lorsque tu te prêtes à aider celui qui fait mal (*Publius Syrius*).
De rigoureux supplices sont perpétuellement attachés à l'impie (*Sénèque le Tragique*).
La bonne foi enseigne à ne se cacher sous aucun déguisement, à ne jamais dire de faussetés, à ne point ajourner l'accomplissement des promesses, à mépriser les offenses et à se souvenir également d'un petit et d'un grand service (*Claudien*).

Te charger de ce que tu ne peux rendre est une fraude (*Publius Syrius*).

La fête des tabernacles que les Juifs célébraient sous des tentes, fut imitée par les Romains dans la fête d'*Anna Perenna*, dont Ovide nous donne la description :

> Sub Jove pars durat, pauci tentoria ponunt ;
> Sunt quibus e ramis frondea facta casa est.
> Pars sibi pro rigidis calamos statuère columnis ;
> Desuper extensas imposuère togas (1).

Lois des Celtes.

Révérez les Dieux.
Ne faites rien de mal.
Agissez avec courage.
Défendez votre mère et votre patrie.
Honorez l'étranger et mettez à part sa portion dans vos récoltes.
Que l'infâme soit enseveli dans la boue.
Honorez le vieillard et que le jeune homme ne puisse déposer contre lui.
Le brave sera récompensé après sa mort et le lâche puni (2).

César dit en propres termes que « les Druides traitent de choses analogues aux doctrines juives » (3).

Lois des Scandinaves.

Que personne ne s'aime trop soi-même.
Que celui qui tient une coupe boive avec modération.
Ne sois pas trop économe des biens que tu as acquis.
Sois pacifique à l'égard de tes ennemis et ne te réjouis jamais du malheur de personne.
Les punitions des calomnies durent très-longtemps.
Conduis-toi d'une manière irréprochable envers tes parens.
Ne fais pas de sermens qui ne soient conformes à la vérité.
Eloigne-toi du mal et évite les fourberies.
Ne séduis ni une vierge, ni une épouse, et n'excite point à l'immoralité.

Les parjures, les meurtriers, les séducteurs iront dans l'enfer.
Prends soin des corps des morts et prie pour eux (1).

Décalogue des Bouddhistes.

1. Ne point tuer.
2. Ne point dérober.
3. Garder la chasteté.
4. S'abstenir de faux témoignage.
5. Ne point mentir.
6. Ne point jurer.
7. S'abstenir de dire des injures.
8. Ne point être entaché d'égoïsme.
9. Eviter la haine.
10. S'abstenir de toute mauvaise croyance (2).

Lois de Manou.

Manou reconnaissait dix sortes de péchés qui procèdent de l'esprit, de la parole et du corps.

Penser aux moyens de s'approprier le bien d'autrui ; méditer une action coupable ; embrasser l'athéisme et le matérialisme, sont les trois mauvais actes de l'esprit.

Dire des injures ; mentir ; médire et parler mal à propos, sont les quatre mauvais actes de la parole.

S'emparer de choses non données ; faire du mal aux êtres animés, sans y être autorisé par la loi, et courtiser la femme d'autrui, sont reconnus comme trois mauvais actes du corps. Les dix actes opposés sont bons au même degré (3).

Nous pouvons rapprocher de ce décalogue d'autres maximes que nous trouvons disséminées dans les livres sacrés de Manou :

Tout acte de la pensée, de la parole ou du corps porte un bon ou un mauvais fruit.

L'oubli des injures efface la souillure qui résulte des grands crimes (4).

Le livre de la loi doit être étudié avec persévérance ; il fait obtenir toute chose désirée ; il accroît l'intelli-

---

(1) Ovide, *Fast.*, l. III. — Cette fête se célébrait après les vendanges. Cécrops avait institué, à la même époque, une fête religieuse où les maîtres régalaient leurs ouvriers.

(2) Diogène Laerce, *proœmium*, n° 6. — Tacite. — Strabon. — Edda.

(3) César, *Commentarii de Bello Gallico*, l. II, n° 19.

(1) Edda Islandorum (l'*haavamaal*). — *Brynhildarquida*. — Ce poème se trouve dans le recueil de poésies scandinaves, que plusieurs savants Danois ont recueillies et publiées sous le titre d'*Edda rhythmica*.

(2) *Asia polyglotta*, von Jul. Klaproth, s. 142.

(3) *Manava-Dharva-Sastra*, l. XII, § 2 à 6.

(4) Loi de Manou, l. XI, § 245.

gence, il mène à une béatitude suprême.... Que le Brahmane observe sans relâche les excellentes coutumes consignées dans le livre *révélé* et dans les recueils de lois; car, en suivant ces coutumes, il obtiendra une longue existence et des richesses impérissables (1).

Que le jeune homme fasse constamment et en toute occasion ce qui peut plaire à ses parens.

Celui qui respecte son père, sa mère et son directeur respecte tous ses devoirs: mais pour quiconque néglige de les honorer, toute œuvre pie est sans fruit (2).

Quand tu moissonneras les blés, tu ne couperas pas jusqu'à la superficie de la terre, et tu ne ramasseras pas les épis oubliés, mais tu les laisseras pour les pauvres et les étrangers (3).

De quelque membre que se serve un homme de basse naissance, pour frapper un supérieur, ce membre doit être mutilé (4).

Par un aveu fait devant tout le monde, par le repentir, par la dévotion, par la récitation des prières saintes, un pécheur peut être déchargé de sa faute, ainsi qu'en donnant des aumônes (5).

Que le juge fasse prendre du feu avec la main à celui qu'il veut éprouver, ou qu'il ordonne de le plonger dans l'eau, ou qu'il lui fasse toucher séparément la tête de chacun de ses enfans et de sa femme; celui que la flamme ne brûle pas, que l'eau ne fait pas surnager, auquel il ne survient pas de malheur promptement, doit être reconnu véridique dans son serment (6).

Chez les Indhous, comme chez les Hébreux, ceux qui sont affligés de quelque défaut corporel sont exclus des fonctions sacerdotales. L'ordre religieux des novices doit, comme l'ordre des lévites, alimenter soir et matin, le feu sacré, ne se nourrir que de la chair des victimes immolées; avoir fréquemment recours aux ablutions et mettre tous ses soins à examiner les causes litigieuses et à juger les différens (1). Les Indhous, ainsi que les Juifs, considèrent comme animaux impurs le porc, le chameau, le plongeon, le cygne, le héron, le corbeau et les quadrupèdes dont la corne du pied n'est point fendue. Dans les deux lois, le droit d'aînesse assure plusieurs priviléges; la répudiation est licite à certaines conditions. Les hommes doivent épouser des femmes de leur tribu; le *lévirat* est en usage; les lépreux sont exclus du temple; les souillures et les purifications légales sont à-peu-près les mêmes; les mesures de salubrité sont identiques (2).

Lois des Chinois.

Soyez simple et pur et gardez la modération.

Ayez le cœur pur et sans passion.

Il n'y a pas de plus grand péché que les désirs déréglés.

C'est une grande vertu de savoir être modeste.

Ne vous livrez pas aux plaisirs défendus.

On ne doit boire de vin qu'avec modération.

Ne cessez jamais de vous reprocher vos fautes.

Ne croyez pas facilement les médisans.

N'usez jamais du mensonge.

Ne faites pas aux autres ce que vous ne voudriez pas qu'on vous fît à vous-même.

On doit respecter, aimer, chérir ses parens et les rendre heureux.

Gardez-vous de suivre des lois et des coutumes injustes.

Savoir supporter les défauts des autres est une vertu.

On ne doit rien voler.

Les instructions des officiers chargés d'instruire le peuple doivent avoir pour objet six sortes de vertus, savoir: la prudence, la piété, la sagesse, l'équité, la fidélité, la concorde; et six espèces d'actions: l'obéissance envers ses parens, l'amour pour ses frères, l'union avec les consanguins, la bienveillance pour ses alliés, la sincérité avec ses amis, la commisération envers les pauvres (3).

---

(1) Loi de Manou, l. I, § 103 à 108. — l. IV, § 155.

(2) *Ibidem*, l. II, § 234-238.

(3) D'après la législation de Moyse, les gerbes oubliées dans les champs et les épis échappés aux moissonneurs, étaient réservés pour le pauvre, la veuve, l'orphelin et l'étranger.—V. le Lévit., XIX, et le Deut., XXIV.

(4) La loi des Décemvirs permet le talion Si membrum rupit, ni cum eo pacit, talio esto.— Solon ordonne qu'on crève les deux yeux à celui qui a crevé l'œil d'un borgne. — V. l'Exode, VIII, 279.

(5) Loi de Manou, l. XI, § 227. — Peccata tua eleemosynis redime, dit le prophète Daniel

(6) Loi de Manou, l VIII, § 114. — V. le Lévitique, III, 2.

---

(1) *Manava-Dharma-Sastra. Passim.*

(2) Comparez la stance 49e du livre IV du *Manava* avec le chap. XXIII du Deutéronome.

(3) Le *Chou-King*, part. 3 et 4. — Le *Hiao-King*, ch. 1. — Le *Siao-Hio*, ch. 1.

Loi des Tartares.

Si vous désirez que vos actions soient de bonnes œuvres, appuyez-vous sur Dieu; ayez en tout temps l'intention de vivre vertueusement jusqu'à la mort; alors vos actions deviendront excellentes.

Ne suivez point vos inclinations et n'écoutez point la chair; car vous ne parviendriez pas à la félicité.

Que toute votre attention se tourne vers votre âme intelligente.

Le pécheur qui se repent est comme un malade que les sueurs ramènent doucement en santé.

Il y a dix mauvaises actions : le meurtre, le larcin, la débauche, la calomnie, les mauvais discours, le mensonge, la médisance, l'envie, la colère et l'ignorance.

Abandonnez les passions et les plaisirs du monde; ne vous entretenez pas de choses inutiles; contentez-vous du nécessaire et gardez en tout un juste milieu (1).

Lois et coutumes religieuses de quelques autres peuples.

Les Péruviens avaient des lois qui leur interdisaient le vol, le meurtre, l'adultère, la débauche, la médisance et la sorcellerie (2).

Chez les Mexicains, on condamnait à la peine capitale les traîtres, les homicides, les infanticides et les adultères. Les vieillards étaient chargés de recommander sans cesse aux enfans de pratiquer la chasteté et la sobriété (3).

Le Pentateuque fait connaître quelle était l'autorité des hommes sur les femmes, celle des pères sur les enfans, et les degrés de parenté qui s'opposaient au mariage dans l'ancien Testament. D'après le témoignage de M. Le Page du Pratz, cette partie de la législation hébraïque s'est conservée chez les Natchez de la Louisiane, mais avec de blâmables exagérations.

Dans toute espèce d'assemblée, les plus petits garçons ont le pas sur les femmes les plus âgées; dans tous les repas, ils sont servis avant leur mère. L'autorité paternelle n'est pas moins inviolable et sacrée que la prééminence des hommes; elle est encore chez les Natchez ce qu'elle fut dans les premiers âges du monde. Les enfans, alors même qu'ils sont mariés, restent dans la cabane de leur père, qui exerce sur eux une puissance absolue. Les empêchemens de mariage s'étendent jusqu'au troisième degré de consanguinité; le non-consentement de l'ayeul ou du bisayeul est aussi un obstacle insurmontable pour une union, quand bien même elle serait approuvée par le père et la mère (1).

Les Coussas de la Cafrerie reconnaissent, comme les Hébreux, des impuretés légales. Un homme veuf est impur pendant quinze jours; une veuve, pendant un mois; une mère qui a perdu sa fille, pendant deux jours. Ceux qui reviennent d'une bataille ou qui ont assisté à l'agonie d'un mourant sont également impurs (2). Chez les Bukhares, la femme reste impure pendant les quarante jours qui suivent son accouchement. L'enfant est nommé trois jours après sa naissance, par son père ou quelque proche parent; ce n'est qu'à l'âge de huit ans qu'il est circoncis (3). Les souillures légales sont également admises chez les Indhous, les Abyssiniens, les Groënlendais, et dans les royaumes de Benin et de Juida.

Le lévirat ou mariage entre les belles-sœurs et les beaux-frères était établi chez les Perses. M. Obry, dans un savant mémoire adressé en 1842 à la société des antiquaires de Picardie, a prouvé que cet usage est prescrit non-seulement par les lois de Zoroastre, mais encore par celles de Manou, de Lycurgue, des Egyptiens, des Athéniens et des Romains (4). Il existe encore actuellement aux îles Carolines (5).

Le sacrifice d'une vache rousse ordonné par Moyse, et auquel S. Paul fait allusion, paraît avoir été imité par les habitans de Malabare, aussi bien que par les Egyptiens (6).

La pratique de la circoncision est établie dans les royaumes de Loango, d'Abyssinie, de Benin, de Juida, de Guinée, de la Côte-d'Or; chez les nègres de Bolm,

---

(1) Le *Su-che-ulh-chang-king* et l'*Amberikend*, livres sacrés des Tartares, cités par De Guignes, dans le tome XL des mémoires de l'académie des inscriptions.

(2) Garcilasso, *Histoire des Incas*, part 2, ch. 1.

(3) Acosta, *Histoire morale des Indes*, l. VI, ch. 28.

---

(1) Journal œconomique, avril 1752, p. 125.

(2) Bibliothèque britannique, t. LIX, mai 1815.

(3) *Etat présent de la petite Bukharie*.

(4) V. le t. VI des mémoires de la société des antiquaires de Picardie. — Rapport de M. Garnier.

(5) Voyages de Cook, t. V, p. 481.

(6) *Messianische Briefe*, p. 115.

Londo, Arca, Quoja, Folia et Gala; à Otahiti, aux Nouvelles-Hébrides, etc. (1).

§ 21.
Conclusion.

Nous terminons ici la série de nos Parallèles. Si, de l'examen du Pentateuque, nous passions à celui du Livre des Juges, des Rois, des Prophètes, etc., nous pourrions indiquer les rapports qui existent entre

Hercule et Josué,
Jason et Gédéon,
Anysis et Salomon,
Hercule et Samson,
Iphigénie et la fille de Jephté,
Sabacos et Salomon,
Psammuthis et Jéroboam,
Séthos et Ezéchias,
Amasis et Nabuchodonosor,
Amphion et Job,
Zoroastre et Mesraïm, etc.

Mais nous croyons que les rapprochemens que nous avons signalés, en ne sortant point des limites du Pentateuque, suffiront pour démontrer la vérité de la thèse que nous avons soutenue.

Ce parallélisme de l'antiquité payenne avec l'antiquité judaïque est si incontestable, que l'érudition incrédule du XVIIIe siècle n'a pas essayé de le nier : elle s'est contenté de tourner la difficulté, en disant que Moyse avait calqué ses livres sur ceux des Egyptiens, des Phéniciens, des Chaldéens et des Indhous. Mais ce système mensonger a été bien facilement ruiné par l'érudition croyante du XIXe siècle, qui a victorieusement démontré que

Manou (2)	vivait environ	1300	ans après Moyse.
Manéthon	»	1240	»
Bérose	»	1170	»
Confucius	»	1000	»
Zoroastre (3)	»	800	»

---

(1) Suidas nous apprend qu'elle était usitée, en Thrace, par les Odomates. — Nous avons profité, pour la composition de ce chapitre, des documents recueillis par M. Kastner (*Concordance de l'Ecriture sainte*), M. de Châteaubriand (*Génie du Christianisme*), M. de la Marne (*la Religion constatée universellement*), par les auteurs de l'*Histoire universelle*, etc.

(2) 400 ans après Moyse, selon MM. Jones et Chézi.

(3) Selon quelques auteurs, 400 ans après Moyse. Selon d'autres, il n'exista jamais. D'après Huet, ce personnage n'est autre

Hésiode	vivait environ	500	ans après Moyse.
Sanchoniaton	»	300	»
Darès le Phrygien	»	300	»

On avait fait grand bruit de la prodigieuse antiquité de certains livres sacrés de l'Orient; on reculait l'origine du monde, pour leur assigner une date fabuleuse; mais la philologie a fait évanouir toutes ces rêveries, en démontrant que

Le Bagavadam	ne date que d'environ	2000 ans.
Le Shastah bhade	»	2000 »
L'Oupneck'hat	»	2000 »
Le Manava-Dharma-Sastra	»	2000 »
Le Shaster	»	2000 »
Le Su-che-ulh-cheng-king	»	2000 »
Le Tao-te-king	»	2300 »
Le Chi-king	»	2400 »
Le Chou-king	»	2400 »
Le Zend-Avesta	»	2400 »
Le Mahabharata	»	3000 »
Le Védas	»	3000 »

Or, tout le monde sait que le Pentateuque date de 3300 ans.

Le témoignage de l'incrédulité, bien loin d'infirmer notre système, vient donc le corroborer. Elle reconnaît comme nous la conformité des dogmes et des faits bibliques avec les croyances du paganisme; mais elle en tire une conséquence absurde, tandis que nous, nous en concluons : 1° que les vérités disséminées dans les livres sacrés des Gentils sont des larcins faits aux récits mosaïques; 2° que la plupart des grandsfaits mythologiques sont des altérations manifestes de l'histoire primitive des Hébreux; 3° que la plupart des Dieux et des Héros de la Fable ne doivent point uniquement leur naissance à l'imagination des Poètes, mais qu'ils sont, sur bien des points, de reconnaissables contrefaçons des principaux types de la Bible, dont le souvenir s'est perpétué par la tradition; 4° nous en concluons enfin que tous les anciens cultes ne furent, dans leur origine, que des émanations plus ou moins pures de la vérité révélée.

FIN.

---

que Moyse. Selon Grégoire de Tours, c'est Cham. Selon Banier, c'est Mesraïm. L'antiquité nous parle de six Zoroastres : l'un était de Chaldée; l'autre, de la Bactriane; le troisième, de Perse; le quatrième, de Pamphilie; le cinquième, de Proconnèse; le sixième, de Babylone. — LECLERC.

LISTE DES AUTEURS
CITÉS DANS CETTE DISSERTATION.

Aboul-Ghazi.
Abulfarage.
Abydène.
Acort.
Acosta.
Algarotti.
Ambroise (St).
Ammien-Marcellin.
Anaxagore.
Anaximandre.
Anquetil-Duperron.
Apollodore.
Apollonius de Rhodes.
Apulée.
Archélaüs.
Archiloque.
Aristote.
Arnobe.
Artapan.
Artus.
Augustin (St).
Aurélius Victor.
Azaïs (J.).

Baillet (Adrien).
Banier.
Barbot.
Basile (St).
Batteux (le).
Baur.
Bayle.
Beaumont (E. de).
Bergmann.
Bérose.
Bochart.
Bompart.
Bosman.
Bouchet (le P.).
Bouvier (Mgr).
Brosses (de).

Brunet.
Burmanni.
Burnet (G.).
Byron.

Caillaud.
Callimaque.
Calmet (dom).
Campbell (A.).
Candish.
Carteret.
Cédénas.
Celse.
César (J.).
Chalcidius.
Champollion.
Chapelle (l'abbé).
Chardin.
Charlevoix.
Chateaubriand.
Chézy.
Chompré.
Chrysostôme (St J.).
Cicéron.
Claudien.
Clavel (F.-T.-B.).
Clément d'Alex. (St).
Confucius.
Constant (Benjamin).
Cook.
Creuzer.
Ctésias.
Cuvier.
Cyrille (St).

Da Cruz.
Dapper.
Darès le Phrygien.
David.
Démosthènes.

Denys (Ferd.).
Desbrosses.
Diodore de Sicile.
Dion Cassius.
Duclot.

Ennius.
Ephore.
Epiphane.
Erpinius.
Eschyle.
Eudoxe.
Euphorion de Chalcis.
Euripide.
Eusèbe.
Evhémère.

Faber.
Falconnet.
Feller (de).
Flaccourt.
Fleury (l'abbé).
Foé.
Fourmont.
Frayssinous.
Fréminville (de).

Garcilasso.
Garnier (J.).
Georgi.
Giraldi.
Girardet.
Gomara (de).
Grégoire de Tours.
Grosier (l'abbé).
Grotius (Hugues).
Guénée (l'abbé).
Guérin du Rocher.
Guérin (le d^r).
Guignes (de).

Guigniaut.
Gumilla.

Habacuc.
Habicot.
Halde (le P. du).
Hans Sloane.
Hécatée.
Hellanicus.
Herbelot (d').
Hérodote.
Herréra.
Hésiode.
Heyne (B.).
Hiéroclès.
Hilaire (St).
Hoffmann.
Holwel (J.-Z.).
Horace.
Huet.
Humboldt (Al. de).
Hyde.
Hygin.

Isaïe.

Jancigny (de).
Janssens (H.).
Jaucourt (le ch^{er}).
Jérôme (St).
Jérôme d'Egypte.
Job.
Jornandez.
Josèphe (Fl.).
Justin.
Justin (St).
Juvénal.

Kastner (A.).
Kircher (le P.).

Klaproth (J.).
Klarkson.
Kolbe.

Labat.
Labaume.
Lacroix (J.-F.).
Lactance.
Lafiteau.
Lavaur.
Leclerc.
Lecomte (le P.).
Léon (St).
Lepage du Pratz.
Linus.
Longin.
Longueville (de).
Lords.
Loubère (de la).
Luc (de).
Lucien.
Lucrèce.
Luzerne (de la).
Lycophron.
Lycurgue.
Lysis.

Macrobe.
Magellan.
Mahé (l'abbé).
Mailla (le P. de).
Makensie (Al.).
Maltè-Brun.
Mammertus Claudianus.
Mandelso.
Manéthon.
Manou.
Marlès (de).
Marne (de la).
Martial.
Martin.
Massieu (l'abbé).
Mélampe.
Menzélius.
Michaélis.
Minos.
Mochus.
Moréri.
Moyse.
Moyse de Chorène.
Musée.

Nesséfy (Omer).

Nichols.
Nicolas de Damas.
Nonnus.
Noort (de).
Nyendaal.

Obry.
Onomacrite.
Oppien.
Orphée.
Ovide.

Paléphate.
Pallas.
Para (l'abbé).
Paravey.
Parménide.
Paul (St).
Pausanias.
Pelloutier.
Perrin (l'abbé).
Pezron.
Philostrate.
Phlégon.
Pindare.
Pitiscus.
Platon.
Plaute.
Pline.
Pluche.
Plutarque.
Polyhistor (Al.).
Pomponius Méla.
Porphyre.
Postel (Gab.).
Prémare (de).
Prideaux.
Priscien.
Proclus.
Proyart (l'abbé).
Publius Syrius.
Pythagore.

Quinte-Curce.

Ramée (D.).
Ramsay.
Rémusat (A.).
Renneport.
Riolan (J.)
Robertson.
Roselly de Lorgues.
Rousseau (J.-J.).

Salverte.
Samson.
Sanchoniaton.
Scaliger.
Selden.
Sénèque le philosophe.
Sénèque le tragique.
Servius.
Shukford.
Silius Italicus.
Socrate.
Solin.
Solon.
Sophocle.
Strabon.
Stuteley (le d^r).
Suidas.
Syncelle (G. le).

Tachard (le P.).
Tacite.
Tarrubia (J.).
Tavernier.
Tétzès.
Thalès de Milet.
Théodoret.
Théopompe.
Thomassin.

Tibulle.
Timée de Locres.
Tite-Live.
Torquémada.
Tressan (de).
Trogue Pompée.

Valère Maxime.
Valérius Flaccus.
Valmont de Bomare.
Varénius (B.).
Vénégas.
Villenave.
Vincent le blanc.
Voltaire.
Vossius.

Wallin (G.).
Wallis.
Walsh (le v^{te}).
Wilfort.
Wiston.

Xénophane.
Xénophon.

Zénon.
Zoroastre.

Annales de philosophie chrétienne.
Bible d'Avignon.
Bibliothèque universelle littéraire.
Edda islandorum.
Encyclopédies.
Histoire générale des voyages.
Histoire universelle, traduite de l'anglais.
Journal asiatique.
Journal encyclopédique.
Journal œconomique.
Livres sacrés de l'Orient.
Mémoires de l'académie des inscriptions.
Mémoires de la société asiatique.
Mémoires de la société des antiquaires de Londres
Mémoires concernant les Chinois.
Mémoires de Trévoux.
Ordonnances des Rois de France.
Zohar (le).

EXPLICIT.

TABLE DES MATIÈRES.

		Pages			Pages
Introduction.		5	§ 12.	Noé.	25
§ 1er.	Noms et attributs de Dieu.	5	§ 13.	Déluge.	26
§ 2.	Création du monde.	7	§ 14.	Postérité de Noé.	28
§ 3.	Trinité.	12	§ 15.	Abraham. — Sara. — Isaac.	30
§ 4.	Création de l'homme.	13	§ 16.	Immortalité de l'âme.	33
§ 5.	Du repos hebdomadaire.	15	§ 17.	Jacob. — Laban. — Joseph.	36
§ 6.	Paradis terrestre.	16	§ 18.	Moyse.	38
§ 7.	Chute originelle de l'homme.	18	§ 19.	Sortie d'Egypte. — Arche d'alliance.	42
§ 8.	Des anges et des démons.	20	§ 20.	Lois religieuses et morales de Moyse.	43
§ 9.	Promesse et attente d'un Rédempteur.	21	§ 21.	Conclusion.	49
§ 10.	Longévité des premiers hommes.	23	Liste des auteurs cités dans cette dissertation.		50
§ 11.	Géants.	24			

ERRATA.

PAGE 1, 3 et 5, *au lieu de* Récits bibliques, *lisez* Récits mosaïques.
— 3, *au lieu de* 1 fr. 50, *lisez* 2 fr.
— 8, note 3, *au lieu de* Appollodore, Appolonius, *lisez* Apollodore, Apollonius.
— 10, ligne 34, *au lieu de* Hotwel, *lisez* Holwel.
— 11, note 4, *au lieu de* D'Apper, *lisez* Dapper.
— 14, ligne 31, *après* d'Archélaüs, *ajoutez* de Thalès.
— 30, note 6, *lisez* Eschyle.

BEAUVAIS. — IMP. DE MOISAND.

www.ingramcontent.com/pod-product-compliance
Lightning Source LLC
LaVergne TN
LVHW020040090426
835510LV00039B/1285